…für meine Familie

Praxis- und Methodenlehre im Sozialpädagogischen Seminar

Christina Deibler

Am Anfang war das so:

Kurz oder länger vor dem nächsten Praxis- und Methodenlehre-Unterricht setzte man sich hin, zog den neuen Lehrplan hervor, erinnerte sich an die Situation in der eigenen Klasse, überlegte, welcher Inhalt sinnvoll sein könne, wälzte Bücher und entwarf den Plan für die nächste Stunde. Manchmal unterhielt man sich darüber mit Kolleginnen, die das gleiche Fach unterrichten.
Irgendwann passierte es:
In einer Teamsitzung tauschte man sich über die Praxis- und Methodenlehre-Inhalte aus, jeder erzählte von eigenen Ideen, Unterlagen und Recherchen. Die Frage, ob man den Unterricht nicht gemeinsam vorbereiten und gemeinsam Unterlagen erstellen wolle, stand buchstäblich im Raum.
Und dann geschah es:

Ein Lernfeld wurde ausgewählt; zur nächsten gemeinsamen Sitzung brachte jede ihre gesammelten Werke zu den Unterrichtsinhalten mit. Man diskutierte, was wichtig wäre, was den Praktikantinnen in der Praxis weiterhelfen würde und was als Grundwissen auf dieser ersten Stufe der Ausbildung zu vertreten wäre. Eine Kollegin übernahm die Aufgabe, die ausgewählten Entwürfe zusammenzufassen und daraus Unterrichtsmaterial für die Studierenden zu entwickeln.
Das war ich.

Dieses wiederholte sich sieben Mal:

Im Laufe des Schuljahres wurden alle Lernfelder des Lehrplans im 'Sozialpädagogischen Seminar' diskutiert und aufbereitet. Zufriedenheit über eine gemeinsame Grundlage für die individuelle Unterrichtsvorbereitung machte sich breit.
Und noch ein Effekt wurde erzielt:
Den Kolleginnen, die die nächste Stufe der Ausbildung betreuen, kann ein verbindlich in allen Klassen bekanntes Paket von Unterrichtsmaterialien überreicht werden.
Die Grundlage für die so genannte Lernspirale – eine Wiederholung gleicher Inhalte auf unterschiedlichen Ausbildungsstufen mit unterschiedlicher Intensität und Tiefe – wurde geschaffen.

Und dann?

Ja, dann fiel noch die Entscheidung, die Praktikantinnen nicht im 'Blätterwald' stehen zu lassen, weil sie in jeder Stunde einige dieser 'Blätter' erhalten, sondern ihnen die gesammelten Unterrichtsmaterialien als gebundenes Werk zur Verfügung zu stellen – als Arbeitsheft, als Grundlagenbuch, als Nachschlagewerk – wie auch immer. Und so wird es ab Schuljahr 2007 / 2008 an unserer Fachakademie, der Fachakademie für Sozialpädagogik der Landeshauptstadt München, geschehen.

Und vielleicht ?

Ja, vielleicht wollen auch andere Kolleginnen, andere Studierende, Praxisanleiterinnen oder einfach Interessierte in dieses Buch hineinschauen. Dazu ist es da!

Dies ist die Geschichte, an der außer mir Ulrike Bohle, Monika Burghardt, Gaby Ernst, Traudl Flamme, Franziska Haas, Dorothea Hebel, Helga Koch-Hierl, Beatrice Lochner, Margit Meinerz, Elfie Mittermaier-Schulz, Elisabeth Sperrer und Marion Zehetmayr mitgewirkt haben. Ihnen allen einen herzlichen Dank!

München, im Juli 2007
Christina Deibler

Noch einige Hinweise:

- Dieses Buch bezieht sich auf den Lehrplan für das Sozialpädagogische Seminar des Bayerischen Staatsministeriums für Unterricht und Kultus, der im Jahr 2006 in überarbeiteter Form erschienen ist.
  Die Zielformulierungen in diesem Lehrplan sind identisch mit denen im Lehrplan für die Kinderpflege-Ausbildung an der Berufsfachschule, da der Berufsabschluss für beide Ausbildungsformen gleich ist.

- Das Sozialpädagogische Seminar (SPS) in Bayern ist an der Fachakademie für Sozialpädagogik angesiedelt und stellt auf dem Weg zur Erzieherin / zum Erzieher die Erst- oder Grundausbildung für das sozialpädagogische Arbeitsfeld dar.

- Da die Mehrzahl der Auszubildenden Frauen sind, wird im Folgenden immer die weibliche Form der Berufsbezeichnungen verwandt.

- Die Teilnehmerinnen im SPS heißen Erzieherpraktikantinnen; sie absolvieren den überwiegenden Teil ihrer Ausbildung in sozialpädagogischen Einrichtungen und einen zeitlich begrenzten Teil in der Fachakademie, weshalb diese Ausbildungsform auch oft den dualen Ausbildungen zugerechnet wird.

- Der Lehrplan für das SPS ist ausgelegt für zwei Ausbildungsjahre und gibt keine Einteilung vor, in welchem Jahr welche Inhalte angesprochen werden sollen. Er ist nach Lernfeldern gegliedert, die den Kompetenzbereichen oder Grundanforderungen für Berufe im sozialpädagogischen Feld entsprechen.
  Die Lernfelder und Inhaltspunkte innerhalb der Lernfelder bilden die Struktur für die vorliegende Materialsammlung.

- Zu Beginn eines jeden Kapitels finden sich die Zielformulierungen und verbindlichen Fachinhalte für das Fach Praxis- und Methodenlehre (PML). Diese sind im Wortlaut aus dem Lehrplan übernommen.

- Weiterhin enthalten die Kapitel dann Unterrichtsmaterialien zu jedem Inhaltspunkt des Faches PML.

- Die Materialsammlung kann sowohl einen Überblick über die PML-Inhalte verschaffen als auch in ihren Einzelteilen als Unterrichtsgrundlage, Unterrichtsergänzung oder Nachschlagewerk dienen und stellt somit eine Hilfe für die individuelle Unterrichtsgestaltung oder beim Selbststudium dar.

- Das Glossar zu den Fachbegriffen sowie das Literaturverzeichnis am Ende des Buches sind alphabetisch geordnet. Daneben wird am Ende eines jeden Lernfeldes auf die Fachbegriffe und die Literatur verwiesen, die dort verwandt wurden.

Personen und Situationen wahrnehmen, Verhalten beobachten und erklären

Zielformulierung

Die Erzieherpraktikantinnen nehmen das Verhalten und die Interaktion einzelner Kinder und Jugendlicher, deren Bezugspersonen, des Teams sowie der Anleitung wahr und beobachten es. Sie sind sich bewusst, dass die Beobachtung der körperlichen Verfassung sowie des Verhaltens von Einzelnen bzw. der Gruppe, die Dokumentation dieser Beobachtungen und deren Auswertung eine wesentliche Grundlage für das verantwortliche Handeln von pädagogischen Kräften in sozialpädagogischen Einrichtungen darstellt. Die Erzieherpraktikantinnen kennen verschiedene Beobachtungsverfahren und Dokumentationsformen sowie die Problematik der subjektiven Wahrnehmung und Beobachtung. Sie vergleichen verschiedene Beobachtungsergebnisse miteinander, bewerten und interpretieren sie vor dem Hintergrund fachlicher Kenntnisse. Sie besitzen einen Überblick über Entwicklungsverläufe, sind entsprechend fähig, den Entwicklungsstand und die Entwicklungsdynamik einzelner Kinder und Jugendlicher zu erfassen und Entwicklungsabweichungen bzw. -risiken wahrzunehmen.
Die Erzieherpraktikantinnen nehmen die natürliche Umwelt sowie den sozialen und kulturellen Kontext der Kinder und Jugendlichen wahr und erfassen dessen Bedeutung für ihr berufliches Handeln. Zudem gewinnen sie durch die Beobachtung der pädagogischen Arbeit in den Einrichtungen Einblick in die verschiedenen Möglichkeiten beruflichen Handelns. Durch Selbstbeobachtung lernen sie ihre Fähigkeiten und Grenzen hinsichtlich der eigenen beruflichen Eignung und ihres erzieherischen Handelns einzuschätzen.

Verbindliche Fachinhalte für das Fach PML

- **Darstellung und Analyse der jeweiligen Praxisstelle**
- **Formen der Beobachtung und Beobachtungsaufgaben**
- **Unterscheiden von Beschreibung, Bewertung und Interpretation**
- **Beobachtung als Grundlage sozialpädagogischen Handelns**
- **Zusammenhang von Beobachtungen, Erklärungsversuchen und weiterem sozialpädagogischen Vorgehen**
- **Unterschiedliche Dokumentationsinstrumente**

Fachinhalt

Darstellung und Analyse der jeweiligen Praxisstelle

Das Sozialpädagogische Seminar, eine duale Ausbildung im sozialpädagogischen Feld, wird an zwei Ausbildungsorten absolviert. Unterricht an der Fachakademie wechselt sich ab mit der Tätigkeit in einer Praxisstelle. Praxisstellen können alle Einrichtungen sein, in denen auch Kinderpflegerinnen und Erzieherinnen tätig sind.

Arbeitsfelder für Kinderpflegerinnen und Erzieherinnen

Die sozialpädagogischen Einrichtungen, in denen Kinderpflegerinnen und Erzieherinnen arbeiten, werden (vgl. Manfred Vogelsberger (1/1)) eingeteilt in so genannte Familien ergänzende Einrichtungen, die die Erziehung in der Familie unterstützen und ergänzen und in Familien ersetzende Einrichtungen, die stellvertretend für die Familie erziehen.

Familien ergänzende Einrichtungen

Tageseinrichtungen	Freizeiteinrichtungen	Sonstige Einrichtungen
Kinderkrippe Kindergarten Kinderhort Kinderhaus Spielgruppe Integrationseinrichtung Heilpädagogische Einrichtung	Kinder- und Jugendzentrum Freizeitheim Haus der Jugend Jugendgruppe Spielmobil Abenteuerspielplatz	Vorklasse oder schulvorbereitende Einrichtung Förderschule oder eine andere besondere Schule Werkstatt für Behinderte

Familien ersetzende Einrichtungen

Längerfristig	Kurzzeitig
Kinder- und Jugendheim Wohngruppe Kinderdorf Internat Wohnformen für Mütter/Väter mit Kindern	Erholungsheim Kurheim Kinderstation im Krankenhaus Kinder- und Jugendpsychiatrie

Träger sozialpädagogischer Einrichtungen

- Die Aufgaben in sozialpädagogischen Arbeitsfeldern werden von öffentlichen und freien Trägern wahrgenommen.

- Öffentliche Träger und freie Träger arbeiten partnerschaftlich und unter Berücksichtigung des Subsidiaritätsprinzips zusammen. Dieses Prinzip besagt, dass dann, wenn ein freier Träger eine Aufgabe übernehmen will oder übernommen hat, der öffentliche Träger von der Übernahme dieser Aufgabe absehen soll.

- Wer öffentlicher Träger ist, regelt das Gesetz; freier Träger kann eine juristische Person oder Personenvereinigung auf Antrag werden. Kirchen, Religionsgemeinschaften des öffentlichen Rechts und die auf Bundesebene tätigen Wohlfahrtsverbände sind per Gesetz anerkannte freie Träger.

Beschreibung einer sozialpädagogischen Einrichtung

Um in sozialpädagogischen Einrichtungen der verschiedensten Art tätig zu sein und diese analysieren zu können, ist es erforderlich, eine Struktur zu kennen, die die wesentlichen Elemente dieser Institutionen beschreibt und die Einrichtungen somit vergleichbar macht. Je nach Kenntnisstand können Einrichtungsbeschreibungen sehr differenziert oder sehr knapp gehalten sein. Folgende Punkte erscheinen zur Analyse generell sinnvoll, lassen sich aber unterschiedlich gewichten.

1. Name und Adresse der Einrichtung
   Organisationszweck und gesellschaftlicher Auftrag

2. Ort, Ortsteil und soziales Umfeld

3. Geschichte und Entwicklung der Institution

4. Konzeption
   Zielvorstellungen
   Pädagogisches Konzept

5. Träger der Einrichtung (Name und Ansprechpartner)
   Personal (Anzahl, Ausbildungen und Funktionen)
   Kooperation mit Fachdiensten und anderen Einrichtungen

6. Anzahl der Kinder / Jugendlichen
   Anzahl und Größe der Gruppen
   Betreuungsschlüssel (Mitarbeiterinnen pro Kind / pro Gruppe)

7. Tagesablauf
   Regelmäßig wiederkehrende Aktivitäten
   Besondere Aktionen im Jahresablauf

8. Raumangebot
   Einrichtung, Einrichtungsstandard
   Medien und Materialien in der eigenen Gruppe
   Außenanlagen

9. Zusammenarbeit mit den Eltern
   Erwartungen der Eltern
   Formen der Zusammenarbeit

Formen der Beobachtung und Beobachtungsaufgaben

Fachinhalt

„Beobachtung als wissenschaftliche Methode meint die geplante, gezielte und systematische Wahrnehmung eines bestimmten Teilbereiches der Wirklichkeit mit dem Ziel, diesen Bereich möglichst genau zu erfassen und festzuhalten."
(Hermann Hobmair u.a. (1/2))
Aus dieser Definition lassen sich folgende Kennzeichen für Beobachtung ableiten:

Kennzeichen von Beobachtung

- Beobachtung ist aufmerksame Wahrnehmung mit unterschiedlichen Sinnen.
- Beobachtungen sind bewusst gewordene, also registrierte Wahrnehmungen.
- Beobachtungen richten sich auf ein Ziel.
- Beobachtungen sind planmäßig und strukturiert.
- Beobachtung ist abhängig von Personen, Situationen, Ereignissen oder Gegenständen.

- Beobachtbar sind die Mimik, die Gestik, Tätigkeiten und Handlungen einzelner Personen oder Gruppen, also deren Verhalten.
- Das beobachtete Verhalten der Personen oder Gruppen resultiert aus Gefühlen, Motiven, Gedanken und Wünschen.
- Beobachtbar ist aber nur das tatsächliche Verhalten, nicht jedoch die Gefühle oder das Erleben eines Menschen.

Beobachtungsbereiche

Davon ausgehend, dass nur Verhalten beobachtbar ist, stellt sich die Frage, auf welche Verhaltensbereiche sich Kindbeobachtungen beziehen. In Literatur und Fachdiskussionen finden sich unterschiedliche Möglichkeiten, wie das kindliche Verhalten strukturiert bzw. aufgeschlüsselt werden kann.

Einige Beispiele auf der folgende Seite sollen das verdeutlichen:

1. Beispiel

- das Verhalten im Spiel (Art und Verlauf von Spielen),
- das Verhalten zu Gleichaltrigen (Kontaktbereitschaft, Einordnung, Rücksichtnahme auf andere, Beitrag zum Leben in der Gruppe),
- das Verhalten zu Erziehern (Anerkennen von Regeln, Ordnungen und Autoritäten),
- das Verhalten des Kindes zu sich selbst (Stimmungen, Wünsche, Ängste),
- das Verhalten zu Sachen und sachlichen Aufgaben (Umgang mit Gegenständen und Anforderungen),
- das Verhalten zu Werten (Verhältnis zum Elternhaus, zur Heimat, zu Tieren, zur Natur überhaupt; zur Welt der Kunst, zum Religiösen).

2. Beispiel

- Äußeres Erscheinungsbild
- Sozialverhalten
- Emotionales Verhalten
- Spielverhalten
- Aufgabenverhalten
- Motorisches Verhalten
- Sprachverhalten
- Denkverhalten
- Wertverhalten
- Besondere Verhaltensauffälligkeiten
- Erzieherverhalten

3. Beispiel

- Verhalten im körperlichen Bereich (äußere Erscheinung, körperliche Auffälligkeiten, Behinderungen, motorisches Verhalten),
- Verhalten im sozialen Bereich (Kommunikation, Bereitschaft zur Zusammenarbeit, Kontaktfähigkeit, Gruppenverhalten, Verhalten bei Konflikten, Durchsetzungsfähigkeit, Spielverhalten),
- Verhalten im Denk- und Lernbereich (Konzentration, Merkfähigkeit, Arbeitsverhalten, Arbeitstempo, logisches und kombinatorisches Denken, Leistungsbereitschaft, Allgemeinwissen, Problemlösungsverhalten),
- Verhalten im sprachlichen Bereich (Ausdrucksfähigkeit, Dialekt, Sprechweise, Redefluss, Satzbau, Grammatik, Sprachauffälligkeiten wie z.B. freiwilliges Schweigen, Lispeln, Stottern).

Beobachtungsformen

Die Typisierung von Beobachtungen erfolgt durch bestimmte Merkmalspaare, die immer einen Gegensatz kennzeichnen. Eine Beobachtung weist in der Regel mehrere Merkmale auf, so kann es z.B. eine gezielte, unstrukturierte, verdeckte Kurzzeit-Fremdbeobachtung geben.

Die eigenen Erlebnisse werden be(ob)achtet.	**Selbstbeobachtung**
Die Wahrnehmung des Verhaltens anderer Personen ist das Ziel.	**Fremdbeobachtung**
Zufällig werden besondere Verhaltensweisen anderer Personen beobachtet; man wird von der Beobachtung überrascht.	**Zufallsbeobachtung**
Das Interesse des Beobachters richtet sich auf ganz bestimmte Verhaltensbereiche oder Handlungen in bestimmten Situationen und die Beobachtung wird geplant.	**Gezielte Beobachtung**
Sie folgt allgemeinen Regeln und groben Kategorien, innerhalb derer für die Beobachtungstätigkeit ein breiter Spielraum bleibt.	**Unstrukturierte Beobachtung**
Sie folgt einem feinen, bis ins Detail gehenden Beobachtungsplan, der den Beobachter eng einbindet.	**Strukturierte Beobachtung**
Der Beobachtete kennt den Grund für die Anwesenheit des Beobachters.	**Offene Beobachtung**
Der Beobachtete weiß nicht um die Tätigkeit des Beobachters.	**Verdeckte Beobachtung**
Der Beobachter ist in das Geschehen eingebunden; dies kann zu einer Verfälschung der Ergebnisse führen, da die Anwesenheit eine Veränderung der Situation darstellt.	**Teilnehmende Beobachtung**
Der Beobachter befindet sich außerhalb des Geschehens; Videoaufzeichnungen oder Beobachtungen durch die Einwegscheibe sind Beispiele.	**Nicht teilnehmende Beobachtung**
Beobachtung während relativ kurzer festgelegter Zeitabschnitte.	**Kurzzeit-Beobachtung**
Beobachtung eines bestimmten Verhaltens, die über einen längeren Zeitraum hinweg des öfteren wiederholt wird, um evtl. Veränderungen festzustellen.	**Langzeit-Beobachtung**

Leitfragen der Beobachtung

Gezielte Beobachtungen werden durch fünf Leitfragen strukturiert:

Zielfrage:
Welches Ziel verfolgt die geplante Beobachtung?
Welche Ausgangslage, welches Interesse führte zu der Beobachtung?
Zu welchem Problem, welcher Fragestellung werden Informationen erwartet?

Interaktionsfrage:
Wer beobachtet wen?
Gibt es einen oder mehrere Beobachter?
Sind der oder die Beobachter der zu beobachtenden Person bekannt?
Wer ist die zu beobachtende Person?
Werden Einzelne beobachtet oder eine Gruppe?

Inhaltsfrage:
Was soll beobachtet werden?
Welcher Bereich des Verhaltens soll beobachtet werden?
In welchen Situationen, zu welcher Zeit, bei welchen Aktionen wird beobachtet?

Methodenfrage:
Wie wird die Beobachtung durchgeführt?
Welche Formen der Beobachtung werden ausgewählt?
Welche Hilfsmittel werden benutzt?
Wie werden die Ergebnisse festgehalten?

Auswertungsfrage:
Welche Erkenntnisse hat die Beobachtung geliefert?
Wie werden diese interpretiert und bewertet?
Wie kann das Ergebnis der Beobachtung in pädagogisches Handeln / Erzieherverhalten umgesetzt werden?
Welche Maßnahmen werden erforderlich?

Unterscheiden von Beschreibung, Bewertung und Interpretation

Fachinhalt

Phasen der Beobachtung

Um Beobachtungen zur Grundlage des erzieherischen Handelns werden zu lassen, muss der Beobachter sich über die vier Phasen der Beobachtung im Klaren sein; erst die bewusste Analyse und Reflexion versetzt den Beobachter in die Lage, Wahrnehmungen von Interpretationen und Bewertungen unterscheiden zu können.

Beobachtung	gezielte Wahrnehmung
Beschreibung	Verlaufsprotokoll über einen bestimmten Zeitraum
Interpretation	Deutung des wahrgenommenen Verhaltens
Bewertung	Einordnung in den Erfahrungshintergrund des Beobachters

Beobachtungen von Bewertungen unterscheiden

Durch die Beispiele auf der folgenden Seite soll verdeutlicht werden, wie schwierig es oft ist, Beobachtungen so zu formulieren, dass sie nicht mit Bewertungen vermischt sind. In der Tabelle – in Anlehnung an Marschall B. Rosenberg (1/3) – finden sich Beobachtungen, getrennt von Bewertungen, und Beobachtungen, vermischt mit Bewertungen. Außerdem wird aufgezeigt, auf welchen Sprachgebrauch dieser Unterschied zurückzuführen ist.

Kommunikationsverhalten	Beispiele: Beobachtung, vermischt mit Bewertung	Beispiele: Beobachtung, getrennt von Bewertung
Gebrauch des Verbs 'sein', ohne dass der Bewertende die Verantwortung für seine Bewertung übernimmt	Florian ist bei den Hausaufgaben zu langsam.	Wenn ich Florian bei seinen Hausaufgaben beobachte, empfinde ich sein Arbeitstempo als sehr langsam.
Gebrauch von Verben mit bewertendem 'Beigeschmack'	Vroni schiebt ihre Aufgaben vor sich her.	Vroni erledigt ihre Aufgaben erst nach dreimaliger Aufforderung.
Annahme, dass die eigene Meinung über die Gedanken, Gefühle, Absichten und Wünsche von jemand anderem die einzig gültige ist	Karin schafft die Anforderungen der vierten Klasse bestimmt nicht.	Ich vermute, dass Karin den Anforderungen in der vierten Klasse nicht gerecht werden wird.
Annahmen mit gesichertem Wissen vermischen	Wenn du deine Zähne nicht ordentlich putzt, werden sie dir ausfallen.	Es ist nachgewiesen, dass bei mangelnder Zahnpflege Karies auftritt.
Keine genaue Bestimmung von Personen innerhalb einer Bezugsgruppe	Jungen übernehmen von sich aus keine hauswirtschaftlichen Tätigkeiten.	Ich habe noch nicht beobachtet, dass die Buben unserer Hortgruppe freiwillig die Tische abwischen.
Benutzen von Wörtern, die eine Fähigkeit bezeichnen, ohne deutlich zu machen, dass hier bewertet wird	Friederike ist eine schlechte Verliererin.	Bei mehreren Memory-Spielen habe ich beobachtet, dass Friederike das Spiel abbricht, wenn sich abzeichnet, dass sie nicht gewinnen wird.
Benutzen von Adverbien und Adjektiven auf eine Art, die nicht klar werden lässt, dass es sich um eine Bewertung handelt	Simones Lachen ist ansteckend.	Wenn Simone lacht, reizt es mich jedes Mal mitzulachen.

Beobachten ohne zu bewerten

Ich habe noch nie einen faulen Mann gesehen;
ich habe schon mal einen Mann gesehen,
der niemals rannte, während ich ihm zusah,
und ich habe schon mal einen Mann gesehen,
der zwischen Mittag- und Abendessen manchmal schlief,
und der vielleicht mal zu Hause blieb an einem Regentag,
aber er war kein fauler Mann.
Bevor du sagst, ich wär' verrückt,
denk' mal nach, war er ein fauler Mann, oder hat er nur
Dinge getan, die wir als 'faul' abstempeln?

Ich habe noch nie ein dummes Kind gesehen;
ich habe schon mal ein Kind gesehen, das hin und wieder
etwas gemacht hat, was ich nicht verstand,
oder etwas anders gemacht hat, als ich geplant hatte;
ich habe schon mal ein Kind gesehen,
das nicht dieselben Orte kannte wie ich,
aber das war kein dummes Kind.
Bevor du sagst, es wäre dumm,
denk' mal nach, war es ein dummes Kind, oder hat es einfach nur
andere Sachen gekannt als du?

Ich habe mich so intensiv wie nur möglich umgesehen,
habe aber nirgendwo einen Koch entdecken können:
ich habe jemanden gesehen, der Zutaten kombiniert hat,
die wir dann gegessen haben.
Jemanden, der den Herd angemacht und aufgepasst hat,
dass das Fleisch auf dem Feuer gar wird.
Das alles habe ich gesehen, aber keinen Koch.
Sag' mir, wenn du hinschaust,
ist das ein Koch, den du siehst, oder siehst du jemanden Dinge tun,
die wir kochen nennen?

Was die einen faul nennen, nennen die anderen müde oder gelassen,
was die einen dumm nennen,
ist für die anderen einfach ein anderes Wissen.
Ich bin also zu dem Schluss gekommen,
dass es uns allen viel Wirrwarr erspart, wenn wir das, was wir sehen,
nicht mit unserer Meinung darüber vermischen.
Damit es dir nicht passiert, möchte ich noch sagen:
Ich weiß, was ich hier sage, ist nur meine Meinung.

Song von Ruth Bebermeyer (1/4)

Beobachtungsfallen

Schnelle Verhaltens-interpretation

Unser Gehirn hat die Tendenz, auch bei Handlungssequenzen Unvollständiges zu ergänzen und so erfolgt oft eine automatische Interpretation (Alltagsvereinfachung) eines mehr oder weniger bekannten Verhaltens.
These:
Beobachten kann man nur Verhaltensweisen; Eigenschaften lassen sich nicht beobachten. Eigenschaften sind (sehr oft vereinfachte) Schlussfolgerungen aus Verhaltensweisen.

Vorerfahrungen (Vorurteile)

Es gibt keine objektiven Beobachtungen, weil in jeder Beobachtung die Vorerfahrungen des Beobachters mitschwingen, das heißt, die Beobachtung ist durch die Erfahrung des Beobachters und seine persönliche Situation 'gefärbt' (= subjektive Wahrnehmung).
These:
Ein Beobachter nimmt immer subjektiv die Verhaltensweisen anderer Menschen wahr. Wichtig ist deshalb, eine Beobachtung immer als Beobachtung weiterzugeben und nicht als 'objektiven Tatbestand'.

Generalisierung von einzelnen Merkmalen (der Blick auf das Besondere)

Wenn bei einem Menschen eine Verhaltensweise besonders ins Auge fällt, also die Aufmerksamkeit auf sich zieht, fällt es dem Beobachter schwer, sein Augenmerk auch auf andere Verhaltensweisen dieses Menschen zu richten.
These:
Ein einzelner hervorstechender Eindruck einer Person überlagert bei der Beobachtung der Person alle weiteren Eindrücke. Die Wahrnehmungsverzerrung wirkt sowohl bei positiv als auch bei negativ zu bewertenden Verhaltensweisen.

Prägungs- oder 'Festplatten'-Problem

Im Laufe des Zusammenseins entwickelt sich bei jedem Menschen ein Bild von dem anderen. Verfestigt sich dieses Bild, werden die Verhaltensweisen, die zu dem Gesamteindruck passen, häufiger bemerkt und registriert als jene, die dem (Erst)-Eindruck widersprechen.
These:
Hat der Beobachter ein festes Bild, einen deutlichen Gesamteindruck der zu beobachtenden Person, sieht er eher und häufiger solche Verhaltensweisen, die mit seinem Eindruck übereinstimmen. Er übersieht jene leichter, die nicht zu seinem Bild von der Person passen.

Beobachtung als Grundlage sozialpädagogischen Handelns

Fachinhalt

Aus verschiedenen Blickwinkeln wurde die Beobachtung bisher betrachtet. Nun aber ist zu klären, warum das Beobachten in pädagogischen Berufen so wichtig ist und was Beobachtung mit Erziehung zu tun hat.

- Beobachtung bildet die Grundlage sozialpädagogischen Handelns.
- Beobachtung wird als Handwerkszeug der Erzieherin bezeichnet.
- Beobachtung ist die wichtigste Methode um Informationen zu erhalten.
- Dem erzieherischen Handeln gehen immer die Beobachtung und die Meinungsbildung voraus.

Bedeutung der Beobachtung

Soeben wurde die Beobachtung als Handwerkszeug der Erzieherin bezeichnet. Immer wieder wird sie als Grundlage sozialpädagogischen Tuns benannt, weil erzieherisches Handeln und Erzieherverhalten als Reaktion auf die Beobachtung und deren Bewertung zu verstehen sind. Wie Rainer Strätz (1/5) darstellt, splittet sich die Bedeutung der Beurteilung in viele Einzelaspekte:
Mit Hilfe der Beobachtung kann die Erzieherin auf die Kinder ihrer Gruppe individuell eingehen, insbesondere

- Veränderungen und Entwicklungen in den Persönlichkeiten der Kinder feststellen.

- ihre Angebote und Aktivitäten der jeweils aktuellen Bedürfnis- und Interessenlage der Kinder anpassen.

- lernen, dass Ereignisse und Dinge für Kinder eine andere Bedeutung haben können als für sie.

- Hinweise darauf erhalten, ob vereinbarte Regeln im täglichen Gruppenleben auch tatsächlich befolgt und angewandt werden.

- Konsequenzen ihres Handelns im Verhalten der Kinder erkennen.

- Hinweise für die Raumgestaltung und für die Beurteilung von Spielzeug und anderen Materialien erhalten.
- das Kind intensiver und vielseitiger kennen lernen und so eine Veränderung ihrer Sichtweise, aber auch ihrer Beziehung zum Kind erfahren.
- Beispiele erhalten, um theoretisches Wissen zu veranschaulichen. Insbesondere die Eigenarten kindlichen Erlebens und Verhaltens werden anschaulich erlebbar.
- Gespräche mit Eltern und Kolleginnen professionell führen. Die Schilderung von Beobachtungen konkreter Ereignisse kann das Gespräch erleichtern.
- Grundzüge ihres pädagogischen Handelns besonders anschaulich anhand von praktischen Beispielen und Ereignissen aus ihrer Gruppe erläutern.

Zusammenhang von Beobachtungen, Erklärungsversuchen und weiterem sozialpädagogischen Vorgehen

Fachinhalt

Beobachtung als erzieherische Haltung

Beobachtung lässt sich sowohl als Instrumentarium verstehen, mit dessen Hilfe Verhalten analysiert und bestimmte Meinungen und Vorerfahrungen bestätigt oder revidiert werden. Im weiteren Sinne kann Beobachtung aber auch als erzieherische Haltung verstanden werden, die sich so kennzeichnen lässt:

- Die Erzieherin interessiert sich für das Geschehen in ihrer Gruppe. Sie will wissen, was die Kinder tun und wie sie es tun.
- Sie gibt sich nicht mit allgemeinen pauschalen Eindrücken zufrieden. Sie will möglichst detailliert erfassen, welchen Verlauf die Ereignisse und Entwicklungen in der Gruppe nehmen.
- Sie versucht, an den Kindern ihrer Gruppe immer wieder neue Züge zu entdecken, die ihr bisher nicht aufgefallen sind. Sie versucht, die fortlaufende Entwicklung der Kinder mitzuverfolgen.
- Sie hält sich mit direkten Eingriffen zurück, so lange es geht. Sie verfolgt dabei das Ziel, dass die Kinder ihren Weg unter ihrer Beobachtung und Begleitung zunehmend selbstständig gehen. Sie registriert die kleinen Schritte, die die Kinder auf dieses Ziel hin machen.
- Sie denkt nicht, dass sich Beobachtungen auf besondere Anlässe, 'Problemkinder' oder 'Notfälle' beschränken sollten. Wenn sie das alltägliche Geschehen schnell und sicher registrieren und einordnen kann, wird sie solche 'besonderen Situationen' mit mehr Aussicht auf Erfolg angehen können.
- Sie ist skeptisch, dass Hilfsmittel wie Aufzeichnungsraster und Beobachtungsbögen von allein und automatisch die Angaben liefern, die sie für ihre Arbeit braucht. Sie begreift die Verwendung solcher Hilfsmittel als Teil ihrer gedanklichen Auseinandersetzung mit einem Problem.

- Sie ist überzeugt, dass die wichtigsten Hilfsmittel der Beobachtung in ihr selbst liegen: Der Blick für die aufschlussreiche Situation oder die unvermutete Entwicklung, das selbstkritische Bemühen, den bisherigen Eindruck immer wieder zu korrigieren und in Frage zu stellen, die sprachliche Fähigkeit, das Gesehene treffend wiederzugeben.

- Sie sucht das Gespräch mit Kolleginnen, Beraterinnen und Eltern, um den eigenen Blick- und Standpunkt formulieren zu lernen und um mögliche Folgerungen und Vorgehensweisen zu diskutieren.

Entdeckendes Beobachten

Bei der bisher beschriebenen Art des Beobachtens ist dem Beobachter bewusst, was und warum er etwas beobachten will. Zum Aufnehmen und Erkennen von Selbstbildungsprozessen bei Kindern und Jugendlichen ist noch eine andere Art der Beobachtung notwendig. Gerd E. Schäfer (1/6) beschreibt diese Art des entdeckenden Beobachtens in einem Artikel, dessen Inhalt nachfolgend kurz zusammengefasst ist.

Im Hinblick auf die Beobachtung von Bildungsprozessen bei Kindern sind zwei Formen von Beobachtung zu unterscheiden, Beobachtungen mit gerichteter Aufmerksamkeit und Beobachtungen mit ungerichteter Aufmerksamkeit.
Beobachtungen mit gerichteter Aufmerksamkeit stellen zu einem (wissenschaftlich konstruierten) 'Modellkind' Vergleiche mit den realen Kindern an, sie richten sich darauf, Verhaltensbereiche oder Verhaltensweisen zu überprüfen, die bereits bekannt sind.
Beobachtungen mit ungerichteter Aufmerksamkeit sind offen für Mitteilungen jeder Art und richten sich nicht auf die Übereinstimmung mit bereits vorhandenen Vorstellungen sondern auf das, was besonders erscheint; d.h. diese Art zu beobachten 'lebt' von Überraschungen.
Diese offene Beobachtung kann sowohl geplant werden (kleine Zeitabschnitte an bestimmten Tagen oder in bestimmten Situationen) als auch spontan erfolgen, wenn etwas die Aufmerksamkeit anzieht, wenn man neugierig wird. Beobachtet wird in der Regel in Alltagssituationen, wobei vier Aufmerksamkeitsrichtungen möglich sind:

- die einzelnen Kinder
- Kindergruppen
- die Beteiligung der Erwachsenen
- die Rahmenbedingungen.

Auch bei dieser Art von Beobachtung gibt es ein Bild vom Kind im Hinterkopf, aber es ist nicht starr sondern verändert sich immer wieder nach den neuen Erfahrungen.

Entdeckende Beobachtung geschieht durch alle Wahrnehmungsbereiche, auch die emotionale Wahrnehmung wird einbezogen, da dadurch Aufschluss über Beziehungen möglich wird. Orientierungsfragen für die Erzieherin können sein:

- Was sehe ich?
- Was höre ich?
- Was empfinde ich über meine Körperwahrnehmungen?
- Was fühle ich (Emotionen)?

Aus der offenen / ungerichteten Beobachtung wird durch das Nachdenken darüber eine entdeckende Beobachtung. Bei dieser Art der Beobachtung ist eine fortlaufende Professionalisierung notwendig; sie geschieht durch Nachdenken, Austausch im Gespräch und Überprüfungen (sowohl durch andere Personen als auch zu anderen Zeitpunkten und in anderen Situationen). Auch hierbei sollten wieder verschiedene Perspektiven berücksichtigt werden:

- das Kind,
- seine Handlungen,
- das eigene Empfinden,
- Gefühlsbewegungen durch die Situation oder
- der Einfluss äußerer Gegebenheiten.

Ist man in der Reflexion der Wahrnehmungen zu Erkenntnissen gelangt, sollen diese im Gespräch an die Kinder zurückgegeben werden; an deren Reaktionen kann man dann ablesen, ob man sie in ihren Handlungen im Ansatz verstanden hat. So wird ein fortwährender Spiralprozess in Gang gesetzt und gehalten.

Wirkungen des entdeckenden Beobachtens

- Es sensibilisiert für die Prozesse der eigenen Wahrnehmung und ihre emotionale Einordnung:

  Es wird wahrgenommen, was als bedeutend erlebt wird, entweder, weil es verstanden wird oder aber weil es irritiert (noch keine Erklärung, also Interesse geweckt). Gefühle bestimmen die Aufmerksamkeitsrichtung und bewerten (aus bisherigen Erfahrungen) das Geschehen. Gefühle abschalten ist nicht möglich, aber ihr Bewusstmachen ist notwendig, um Zusammenhänge zu begreifen.

- Es sensibilisiert für die Interaktion mit dem Kind:

  Nicht isoliertes Verhalten wird wahrgenommen sondern die Beziehungen und Zusammenhänge unterschiedlicher Art (Kind zu Kind, Kind zu Dingen oder Tätigkeiten, Kind zu Erwachsenen, eigene Beziehungen).
  Auch Beobachten ist Beziehung, kann aber unterschiedlich empfunden werden, entweder als Kontrolle und Beurteilung oder als Wertschätzung. Wenn Wertschätzung der Hintergrund ist, schwingt mit, dass kindliches Tun als sinnvoll verstanden wird. Diese Art der Beobachtung kann also eine wertschätzende Haltung aufbauen und vermitteln.

- Es ermöglicht ergänzende Kooperation:

  Der Beobachter hat abzuwägen zwischen Zurückhaltung und Aktivität. Dadurch wird der Verständigungsprozess zwischen Kindern und Erwachsenen erleichtert, es kann ausgehandelt werden, was an Eigeninitiative für Kinder und Erwachsene jeweils möglich und zuträglich ist. Die Ko-Operation besteht darin, dass Erwachsene ergänzend das beitragen, was von den Kindern (noch) nicht geleistet werden kann.

Unterschiedliche Dokumentationsinstrumente

Fachinhalt

Die Aufgabe der Dokumentation sowohl im Hinblick auf den Entwicklungsverlauf bei einzelnen Kindern als auch bezogen auf die geleistete pädagogische Arbeit erfährt derzeit in den sozialpädagogischen Einrichtungen eine große Aufwertung. Was wird darunter verstanden?
Dokumentation ist die Umsetzung von Wahrnehmungen in Sprache oder Bild und Konservierung mittels unterschiedlicher Methoden, Mittel und Medien.

Dokumentationsauftrag

Kindertageseinrichtungen haben die Aufgabe, Kinder gezielt zu beobachten um einerseits die Entwicklung zu dokumentieren und um zum anderen erste Anzeichen von Auffälligkeiten frühzeitig erkennen und geeignete Interventionen einleiten zu können.
Die Beobachtungsergebnisse sollten schriftlich erfasst werden, weil sie Grundlage für die Reflexion im Kollegenkreis, das Gespräch mit den Eltern oder die Diagnoseerstellung durch einen Arzt oder Fachdienst sind. Je nach Zielsetzung und Situation können freie Aufzeichnungen, bestimmte Beobachtungssysteme oder auch Beobachtungsbögen (bessere Vergleichbarkeit der Ergebnisse) zum Einsatz kommen.
Kindertageseinrichtungen erheben und speichern dabei anvertraute Sozialdaten über das Kind, wozu sie kraft Betreuungsauftrag / Erziehungsauftrag und laut Gesetz befugt sind.

Beobachtungsprotokolle und weitere Informationen

Bei der Dokumentation von Beobachtungen muss der Beobachter sich im Klaren sein, dass nur das Wahrgenommene (das heißt in der Regel das Gesehene und Gehörte) fest gehalten werden darf. Eine schriftlich fixierte Beobachtung ist ein Verlaufsprotokoll über einen bestimmten Zeitraum; es ist kein Ergebnis- oder Beschlussprotokoll. Inhalt der Beobachtung und Beschreibung sind immer das Verhalten oder die Handlungen von Einzelnen oder Gruppen.

Neben der differenzierten Beschreibung des Verhaltens muss ein Beobachtungsprotokoll folgende Angaben enthalten

- Datum
- Zeitraum
- Zielperson(en) und deren biografische Daten
- Situation (Umfeld)
- Beobachterin / Beobachter

Um sich ein Bild von einem Kind, einem Menschen zu machen, gibt es auch noch die Möglichkeit, Informationen von Dritten einzuholen. Bei diesen Informationen handelt es sich sowohl um biografische Daten als auch um weitere Angaben zum bisherigen Lebensverlauf (Anamnese).

Dokumentationsinstrumente in sozialpädagogischen Einrichtungen

Die Dokumentation in sozialpädagogischen Einrichtungen umfasst ein weites Spektrum. Es lassen sich dabei drei Bereiche mit jeweils unterschiedlichen Dokumentationsinstrumenten unterscheiden

Dokumentation von Daten und Beobachtungen der Zielgruppe

- Kartei, Akten
- Anwesenheitslisten
- Namens- / Symbollisten
- Statistiken
- Entwicklungsblätter
- Bildungs- und Lerngeschichten (vgl. Hans Rudolf Leu u.a .(1/7))
- Beobachtungsbögen
- Beobachtungssammlungen (Hefte, Bücher, Ordner) bezogen auf einzelne Kinder, spezielle Tätigkeiten, Fertigkeiten oder Fähigkeiten
- Portfolios

Dokumentation des pädagogischen Geschehens

- Gruppentagebuch
- Mitteilungshefte, Hausaufgabenhefte
- Tages-, Wochen-, Monats- oder Jahresberichte
- Informationswände oder -tafeln
- 'Wer ist wo'-Tafel
- Terminpläne, Stundenpläne, Therapiepläne, Abholzeiten-Plan
- Erziehungshilfepläne

- Sammelmappen
- Jahresberichte
- Konzeption

Dokumentation weiterer Aktivitäten

- Protokolle von Team-, Fall-, Anleitungs- und Elterngesprächen
- Telefon- und Aktennotizen
- Pinnwände
- Fotos, Film- und Audiodokumentationen besonderer Aktionen
- 'Zeitung' der Institution (z.B. Hortzeitung, Kindergartenzeitung)
- Pressespiegel

Fachbegriffe im Lernfeld 1

Einrichtungsbeschreibung

Unter einer Einrichtungsbeschreibung ist die Darstellung einer sozialpädagogischen Einrichtung (schriftlich oder mündlich) zu verstehen. Sie enthält Angaben zu Name, Adresse, Ort, sozialem Umfeld, Geschichte und Entwicklung, Konzeption, Träger, Personal und Kooperationspartnern, Gruppen- und Kinderanzahl sowie zu Raumangebot und Tagesablauf.

Beobachtung

Beobachtung als wissenschaftliche Methode meint die geplante, gezielte und systematische Wahrnehmung eines bestimmten Teilbereiches der Wirklichkeit mit dem Ziel, diesen Bereich möglichst genau zu erfassen und festzuhalten.

Beobachtungsbereiche

Beobachtbar sind nur Mimik, Gestik, Tätigkeiten und Handlungen einzelner Personen oder Gruppen, also deren Verhalten. Die Gesamtheit des Verhaltens wird zur Erleichterung beim Beobachten gedanklich in verschiedene Beobachtungsbereiche aufgeteilt, z.B.Verhalten im körperlichen Bereich, im sozialen Bereich, im Denk- und Lernbereich und im sprachlichen Bereich. In der Literatur finden sich verschiedene dieser gedanklichen Strukturierungen.

Beobachtungsfallen

Bei Beobachtungsprozessen sieht man sich immer wieder mit verschiedenen Schwierigkeiten konfrontiert, die die Beobachtungsergebnisse verfälschen können, z.B.
- eine zu schnelle Verhaltensinterpretation
- eigene Vorerfahrungen und Vorurteile
- die Generalisierung von einzelnen Merkmalen
- das Prägungs- oder 'Festplatten'-Problem.

Beobachtungsformen

Die Typisierung von Beobachtungen erfolgt durch bestimmte Merkmalspaare, die immer einen Gegensatz kennzeichnen. Eine Beobachtung weist in der Regel mehrere Merkmale auf.

Beobachtungshaltung

Darunter versteht man das Verhalten einer Erzieherin, das geprägt ist von Interesse an den Kindern und dem Geschehen in der Gruppe; notwendig sind dazu
- der Blick für die aufschlussreiche Situation,
- das selbstkritische Bemühen, bisherige Eindrücke immer wieder zu korrigieren und
- die sprachliche Fähigkeit, das Gesehene treffend wiederzugeben.

Leitfragen der Beobachtung

Gezielte Beobachtungen werden durch fünf Leitfragen strukturiert:
- Zielfrage
- Interaktionsfrage
- Inhaltsfrage
- Methodenfrage
- Auswertungsfrage

Beobachtungsphasen

Um Beobachtungen zur Grundlage erzieherischen Tuns werden zu lassen, müssen die Phasen der Beobachtung bewusst sein:
- Beobachtung
- Beschreibung
- Interpretation
- Bewertung

Entdeckendes Beobachten

Entdeckendes Beobachten bezeichnet eine Form des Beobachtens, die nicht von einem vorgestellten Modellkind ausgeht, sondern ungerichtet offen ist für jede Art von Mitteilungen, das heißt, diese Art der Beobachtung 'lebt' von Überraschungen.

Demografische Daten

Unter diesen Daten sind Aussagen zu Alter, Geschlecht, Nationalität, sozialem Status und Zugehörigkeiten zu verstehen; abgeleitet wird dieser Begriff von der Demografie, der Bevölkerungswissenschaft.

Dokumentation

Dokumentation ist die Umsetzung von Wahrnehmungen in Sprache oder Bild und Konservierung mittels unterschiedlicher Methoden, Mittel und Medien.

Dokumentationsinstrumente

Die verschiedenen Methoden wie z.B. Anwesenheitslisten, Gruppentagebücher, Sammelmappen, Entwicklungsbögen, Pressespiegel zur Aufzeichnung von Wahrnehmungen / Beobachtungen werden als Dokumentationsinstrumente bezeichnet.

Anamnese

Eine Anamnese ist die Erhebung der biografischen Daten einer Person und Angaben zu deren bisherigem Lebensverlauf.

Literatur im Lernfeld 1

1/1 Vogelsberger, Manfred
Sozialpädagogische Arbeitsfelder im Überblick
Weinheim / Basel, 2002

1/2 Hobmaier, Hermann u.a.
Psychologie
Köln, 1997

1/3 Rosenberg, Marschall B.
Gewaltfreie Kommunikation
Paderborn, 2004

1/4 Bebermeyer, Ruth
Beobachten ohne zu bewerten
in: Rosenberg, Marschall B.
Gewaltfreie Kommunikation
Paderborn, 2004

1/5 Strätz, Rainer
Beobachten. Anregungen für Erzieherinnen im Kindergarten
Stuttgart, 1994

1/6 Schäfer, Gerd E.
Beobachten und Dokumentieren in KiTas
in: Kindergarten heute, 8 / 2004, Fachzeitschrift für Erziehung, Bildung und Betreuung von Kindern

1/7 Leu, Hans Rudolf u.a.
Bildungs- und Lerngeschichten
Weimar / Berlin, 2007

Erzieherisches Handeln planen, durchführen und reflektieren

Zielformulierung

Die Erzieherpraktikantinnen begreifen die Bedeutung strukturierten erzieherischen Handelns und setzen sich mit didaktischen Entscheidungen, methodischen Schritten und sozialpädagogischen Prinzipien auseinander.
Sie sind sich bewusst, dass konkrete Handlungsziele abhängig sind von den Werten der Gesellschaft, den Zielvorstellungen der Einrichtung und den eigenen Einstellungen.
Sie wissen, dass Planung die Grundlage für situationsangemessenes Handeln ist. Sie können ihre Planung auf unterschiedliche pädagogische Konzepte unter Berücksichtigung der Zielgruppen, des Teams und der Eltern abstimmen.
Als Ausgangspunkt für Planung setzen die Erzieherpraktikantinnen die Situationsanalyse ein, die sich sowohl auf die Zielgruppe als auch auf die Rahmenbedingungen bezieht.
Sie entscheiden sich bei eigenen Aktivitäten für Ziele, Inhalte und Themen sowie Methoden und fixieren diese schriftlich.
Hierbei sind sie sich bewusst, dass alle Aktionen im Tagesablauf der pädagogischen Gestaltung bedürfen.
Die Erzieherpraktikantinnen sind fähig zur persönlichen und fachlichen Reflexion, berücksichtigen ihre Reflexionsergebnisse bei weiteren Planungen und strukturieren so ihre eigenen Lernprozesse.

Verbindliche Fachinhalte für das Fach PML

- **Zusammenhang zwischen personalen Erziehungsvorstellungen und eigenem Lebensweg**
- **Überblick über unterschiedliche Arbeitsfelder und Konzepte sozialpädagogischer Einrichtungen**
- **Gestaltete Tagesabläufe**
- **Schritte des methodischen Vorgehens als Merkmal professionellen erzieherischen Handelns:**
  - **Situationsanalyse**
  - **Zielfindung**
  - **Wahl von Inhalt, Mittel und Methode**
  - **Durchführung**
  - **Reflexion**

Fachinhalt

Zusammenhang zwischen personalen Erziehungsvorstellungen und eigenem Lebensweg

In den Berufsausbildungen im sozialpädagogischen Feld – vom Sozialpädagogischen Seminar über die Kinderpflegeausbildung an der Berufsfachschule, über die Erzieherausbildung an der Fachakademie bis hin zum Studium an der Fachhochschule – nimmt die Auseinandersetzung mit der eigenen Persönlichkeit und Sozialisation einen hohen Stellenwert ein. Grund dafür ist, dass diese berufliche Arbeit in einem engen Zusammenhang mit den Erfahrungen im eigenen Leben steht; unbewusst fließen diese Erfahrungen in die berufliche Tätigkeit ein. *„Man kann davon ausgehen, dass ein Individuum in unterschiedlichen Situationen und zu verschiedenen Zeitpunkten in gleichartiger Weise agiert."* (Hartmut Hansen (2/1)).
Um eigene Vorstellungen von Erziehung und eigene Erziehungsziele, die sich im Erzieherverhalten zeigen, auf eine bewusste Ebene zu bringen, ist eine Reflexion des eigenen Lebensweges und des eigenen Werdens unumgänglich.

Fragen können dabei sein:

- In welches familiäre Umfeld wurde ich hineingeboren?
- In welcher Lebensumwelt wuchs ich auf?
- Welche Personen waren primär mit meiner Erziehung befasst?
- An welche Kontakte zu Kindern und Erwachsenen in der Kindheit erinnere ich mich?
- Erinnere ich mich an Situationen, in denen ich ‚erzogen' wurde?
- Welches ‚Bild vom Kind' herrschte in meinem personellen Umfeld?
- Wurde ich den Erwartungen an mich gerecht?
- Wie verlief der Prozess der Selbstständigkeitserziehung?
- Wann kollidierten meine Vorstellungen mit denen meiner Eltern?
- Erinnere ich mich an Krisensituationen?
- Kann ich mich an bestimmte Gefühle in bestimmten Situationen erinnern?
- Welche Erziehungsziele sind mir bewusst geworden?
- Welchen gesellschaftlichen Werten bin ich begegnet?

- Erinnere ich mich so oder durch bestimmte Mittler (Fotos, Erzählungen, Videos)?
- Welche Bildungsinstitutionen habe ich besucht?
- Gab es Brüche (Zusammenbrüche) in meinem bisherigen Lebenslauf?
- Welche Beziehungen waren in meinem Leben wichtig?
- An welche Vorbilder / Idole kann ich mich erinnern?

Überblick über unterschiedliche Arbeitsfelder und Konzepte sozialpädagogischer Einrichtungen

Fachinhalt

Eingangs war bereits die Rede von den sozialpädagogischen Einrichtungen, in denen Kinderpflegerinnen und Erzieherinnen tätig sind. Die Vielfalt der Einrichtungen sowie deren unterschiedliche Ausprägung bezüglich Zielgruppen (Klientel) und Aufgabenstellung bzw. Arbeitsauftrag macht deutlich, wie breit gefächert die Einsatzmöglichkeiten für diese Berufsgruppen sind, weshalb die Ausbildungen im sozialpädagogischen Feld auch oft als Breitbandausbildungen bezeichnet werden. Der Begriff 'sozialpädagogisch' kennzeichnet hierbei nicht nur die Erziehungsfelder außerhalb von Schule und Familie sondern steht auch für das – gesellschaftlich notwendig gewordene – lebenslange Lernen, welches nicht nur die kognitiven sondern auch die emotionalen und sozialen Bildungsanteile berücksichtigt und zu einer verantwortlichen Handlungsfähigkeit führen soll (vgl. C. Wolfgang Müller (2/2)).

Eine Auswahl sozialpädagogischer Einrichtungen

Kinderkrippe

Zielgruppe:	Säuglinge ab 9.Woche, Kleinkinder bis 3. Lebensjahr
Aufnahmegrund:	Berufstätigkeit, Ausbildung oder Wunsch der Eltern, Alleinerziehende, besondere Notlagen
Aufgaben:	pflegerisch und pädagogisch, Förderung der Gesamtpersönlichkeit
Personal:	Erzieherinnen, Kinderpflegerinnen

Kindergarten

Zielgruppe:	3 – 6 Jahre
Aufnahmegrund:	siehe auch Krippe, Kontakt mit anderen Kindern, Förderung
Aufgaben:	im BayKiBiG festgelegt; Betreuung, Erziehung und Bildung (Förderung der Gesamtpersönlichkeit), Vorbereitung auf die Schule
Personal:	Erzieherinnen und Kinderpflegerinnen

Kooperationseinrichtung / Kinderhaus / Kindertageszentrum

Zielgruppe:	9. Woche – 12 Jahre
Aufnahmegrund:	siehe Krippe, Kindergarten und Hort
Aufgaben:	siehe Krippe, Kindergarten und Hort gruppen- und altersübergreifende Arbeit
Personal:	Erzieherinnen, Kinderpflegerinnen, Fachberaterinnen z.B. zur interkulturellen Pädagogik

Schulvorbereitende Einrichtung (SVE)

Zielgruppe:	5 – 7 Jahre; evtl. schulpflichtige, aber noch nicht schulreife Kinder; Zurückstellung durch die Schule oder auf Antrag der Eltern
Aufnahmegrund:	fehlende Schulreife, Kind bedarf einer besonderen Förderung
Aufgaben:	Hinführung zur Schulreife durch gezielte heilpädagogische Programme (Gruppen- und Einzelförderung) und freies Spiel in kleinen Gruppen bis zu 15 Kindern
Personal:	Erzieherinnen, Kinderpflegerinnen, Sozialpädagoginnen, Heilpädagoginnen

Tagesheim

Zielgruppe:	Kinder einer Klasse werden nachmittags im Tagesheim betreut; Tagesheime existieren für alle Schultypen
Aufnahmegrund:	siehe Hort
Aufgaben:	siehe Hort; als zusätzliche wesentliche Aufgabe wird die enge Zusammenarbeit mit den Lehrern gesehen
Personal:	Erzieherinnen, stundenweise Mitarbeit von Lehrerinnen

Hort (Grundschul- und/oder Hauptschulhort)

Zielgruppe: schulpflichtige Kinder; Grund-, Haupt- und Förderschulkinder

Aufnahmegrund: Berufstätigkeit der Eltern, Alleinerziehende, weiter Schulweg, mangelnde Sprachkenntnisse, Schulschwierigkeiten, Probleme bei den Hausaufgaben, fehlende Beaufsichtigung, wenig Kontakt mit Gleichaltrigen, fehlende soziale Integration

Aufgaben: familienergänzende Aufgaben, Freizeitgestaltung, schulbegleitende Aufgaben

Personal: Erzieherinnen, Kinderpflegerinnen

Heilpädagogische Tagesstätte

Zielgruppe: behinderte Kinder (geistige, körperliche, seelische Behinderungen, Lernbehinderungen, Entwicklungsverzögerungen, Verhaltensauffälligkeiten); Gruppenzusammenstellung entsprechend Behinderungen und Behinderungsgrad

Aufnahmegrund: pädagogisch-fachliche Hilfen; Entlastung der Eltern; Vollzeitunterbringung in einem Heim ist nicht erforderlich

Aufgaben: Förderung, Aktivierung der individuellen Fähigkeiten, Hinführung zu einem sinnerfüllten Leben; Integration in die Gemeinschaft

Personal: Erzieherinnen, Psychologinnen, Therapeutinnen, Sozialpädagoginnen, Heilerziehungspflegerinnen, Heilpädagoginnen, Kinderpflegerinnen, Zivildienstleistende

Einrichtung für behinderte Kinder und Jugendliche (Heim oder Tagesstätte)

Zielgruppe:	Kinder mit schweren Sinnesschäden oder mit schweren körperlichen und/oder geistigen Behinderungen
Aufgaben:	Förderung der geistigen, seelischen und körperlichen Fähigkeiten, Aufbau eines positiven Selbstwertgefühles, Befähigung zu einem möglichst selbstständigen Leben, Freizeitmaßnahmen, Förderung lebenspraktischer Fähigkeiten
Personal:	Erzieherinnen (mit heilpädagogischer Zusatzausbildung), Sozialpädagoginnen, Therapeutinnen, Psychologinnen, Sonderpädagoginnen, Heilpädagoginnen, Heilerziehungspflegerinnen, evtl. Ärztinnen

'Beschützende' Werkstätten für Behinderte

Zielgruppe:	geistig und/oder körperlich Behinderte
Aufgaben:	Betreuung im produktiven Arbeitsbereich
Personal:	Erzieherinnen (mit heilpädagogischer Zusatzausbildung), Sozialpädagoginnen, Heilerziehungspflegerinnen, Berufsfremde z.B. Handwerker

Internat, Schülerheim

Zielgruppe und Aufnahmegrund:	Kinder und Jugendliche möchten eine Schule besuchen, die es in ihrem Heimatort nicht gibt; berufliche Tätigkeit der Eltern im Ausland; Erziehungsprobleme; Ablösung vom Elternhaus; besonderes Konzept der Schule
Aufgaben:	Unterkunft, Verpflegung, erzieherische und schulische Hilfen, Freizeitgestaltung
Personal:	Erzieherinnen, Kinderpflegerinnen, Lehrerinnen

Lehrlings- und Jugendwohnheime betreuen junge Menschen während der Ausbildung oder der Lehre.

Heim

Zu unterscheiden sind unterschiedliche Heimtypen:

- heilpädagogisch orientiertes Heim
- heilpädagogisches Heim
- therapeutisches Heim
- Jugendwohnheim / Jugendwohngemeinschaft

Zielgruppe:	orientiert sich am Heimtyp: – Heilpädagogisch orientiertes Heim: meist Sozialwaisen (die Familie fällt aus verschiedenen Gründen aus), Kinder mit Entwicklungsdefiziten – Heilpädagogisches Heim: verhaltensauffällige Kinder und Jugendliche mit erheblichen Defiziten in der Entwicklung – Therapeutisches Heim: Kinder / Jugendliche mit schweren psychogenen Störungen
Aufnahmegrund:	keine oder ungenügende familiäre Sozialisation
Aufgaben:	Schaffen einer kompensatorischen Lebensumwelt, um vorhandene Erziehungsausfälle auszugleichen und um Fehlentwicklungen abzubauen oder zu vermindern; Vermittlung von Werten; Verschiedenste Therapiemöglichkeiten; Psychotherapeutische Maßnahmen im Sinne einer gezielten Behandlung nach eingehender Diagnostik; Zusammenarbeit mit Eltern ist integraler Bestandteil (Voraussetzung für die Entlassung in die Familie)
Personal:	Sozialpädagoginnen, Erzieherinnen, Kinderpflegerinnen, Psychologinnen, Heilpädagoginnen, Heilerziehungspflegerinnen, Therapeutinnen, evtl. Ärztinnen

Erholungsheim, Kinderstation im Krankenhaus, jugendpsychiatrische Klinik

Zielgruppe:	kranke Kinder und Jugendliche
Aufnahmegrund:	körperliche und seelische Krankheitsbilder
Aufgaben:	begleitende Unterstützung therapeutischer Maßnahmen, Unterstützung des Gesundungs- und Erholungsprozesses, Auffangen von Heimwehreaktionen, Hilfen zur Integration, Gestaltung der Freizeit
Personal:	Erzieherinnen, Sozialpädagoginnen, Heilpädagoginnen, Ärztinnen, Therapeutinnen, Kinderpflegerinnen

Einrichtungen der Jugendpflege

Hierzu zählen:
- Haus der offenen Tür
- Jugendzentrum
- Sozialpädagogisch betreuter Spielplatz (Abenteuerspielplatz)
- Freizeitheim

Neben dieser mehr offenen Form der Jugendarbeit gibt es auch die organisierte, in festen Gruppen ablaufende Jugendarbeit z.B. Kinder- und Jugendarbeit der Kirchen oder von Verbänden.

Freizeitheim

Zielgruppe:	6 – 18 Jahre, junge Menschen aus dem Stadtviertel, freiwilliger Besuch
Aufgaben:	Freizeitgestaltung, Hausaufgabenhilfe, Problemberatung, Hilfe zur Entwicklung der Eigeninitiative, Gemeinschaftserfahrung, Anregung der schöpferischen und sozialen Kräfte
Personal:	Sozialpädagoginnen, Erzieherinnen, Berufsfremde z.B. Handwerker

Gestaltete Tagesabläufe

Fachinhalt

In der Mehrzahl der sozialpädagogischen Einrichtungen verbringen die Kinder oder Jugendlichen einen großen Teil des Tages; in einigen Einrichtungen sogar die ganzen Tage für eine bestimmte Zeit ihres Lebens.
Diese Tatsache bewirkt, dass die Kinder sich in den Einrichtungen nicht nur einer Tätigkeit zuwenden – wie z.B. beim Besuch eines Töpferkurses oder der Klavierstunde. Die Befriedigung verschiedener Bedürfnisse und die Erledigung verschiedener Aufgabenstellungen muss im Verlauf der Anwesenheitszeit in den sozialpädagogischen Institutionen gewährleistet sein.

So zeigt der einzelne Tag in einer Einrichtung ein wechselvolles Geschehen, welches geprägt ist

- von den Bedürfnissen der Zielgruppen, (Ruhebedürfnis, Bewegungswunsch, Pflegenotwendigkeit, Hunger und Durst, Rückzugsmöglichkeit oder Wunsch nach Gemeinschaft, Auseinandersetzung mit der Lebenswirklichkeit)
- den äußeren Rahmenbedingungen und (Öffnungs- und Schließzeiten, Abhängigkeit von anderen Institutionen z.B. Schulschluss oder Arbeitsende, Schichtdienst / Personaleinsatz, Essenslieferungen, Raumkapazitäten)
- der Gestaltung und Organisation durch das pädagogische Fachpersonal. (Erziehungsziele, pädagogische Grundsätze, Konzeption, Zusammenarbeit)

In dem Zusammenhang sollte der Begriff des 'gestalteten Tagesablaufs' noch genau betrachtet werden. *„Gestalten bedeutet, allgemein gesagt, Dinge, die zusammengehören oder die man zusammenfügen möchte, in eine bestimmte Struktur zu bringen, ihnen eine bestimmte Gestalt zu geben. Hinter dieser Gestalt, die man erzeugen möchte, steckt immer eine Gestaltungsidee oder ein Zweck.“* (L.Grüneberg, P. Hauser (2/3)).

Überträgt man diese Aussage auf den Tagesablauf, so wird deutlich, dass die Erzieherin durch dessen bewusste Gestaltung einen großen pädagogischen Handlungsspielraum nutzen kann. Welche Ziele verbindet sie mit den einzelnen Elementen im Tagesablauf? Welchen Bedürfnissen wird sie mit

der Gestaltung gerecht? Wie bestimmend empfindet sie die Rahmenbedingungen? Diese Fragen sollte sich das Fachpersonal in einer Einrichtung immer wieder stellen und Antworten darauf finden.
Das Aufgreifen noch einer weiteren Frage erscheint notwendig. Zwar ist unumstritten, dass für einen reibungslosen Ablauf eine Struktur erforderlich ist, auch damit diese im Tagesablauf den Kindern und Betreuten Sicherheit verleiht. Doch die Fragen, wie starr diese Struktur zu handhaben ist und inwieweit sie von den Kindern und Jugendlichen mitbestimmt wird, können nur in jeder Einrichtung spezifisch nach deren Bedingungen entschieden werden.

Fachinhalt

Schritte des methodischen Vorgehens als Merkmal professionellen erzieherischen Handelns

Der Begriff des professionellen erzieherischen Handeln impliziert zwei wesentliche Gedanken, die für die Ausbildung im sozialpädagogischen Feld bestimmend sind. 'Professionell' sagt nach Barbara Dippelhofer-Stiem (2/4) aus,

- dass das erzieherische Handeln eine wissenschaftliche / theoretische Fundierung aufweist,
- dass es in einem gegebenen organisatorischen Rahmen abläuft,
- dass gesellschaftlich akzeptierte Praktiken angewandt werden und
- dass die Erziehenden ihr Handeln und ihre Persönlichkeit immer wieder reflektieren.

Erzieherisches Handeln bedeutet, dass ausgehend von dem Iststand der Kinder und Jugendlichen Ziele für die weitere Entwicklung bestimmt und Maßnahmen zur Erreichung dieser Ziele überlegt werden und dass letztlich die Erreichung der Ziele überprüft und hinterfragt wird.

Zur Planung, Durchführung und Reflexion (einzelne Schritte) der erzieherischen Handlungsprozesse empfiehlt sich eine Struktur, die sowohl die Situation, in der diese Handlungen ablaufen, als auch die Entscheidungen, die der Erziehende trifft, berücksichtigt.

Das Strukturmodell

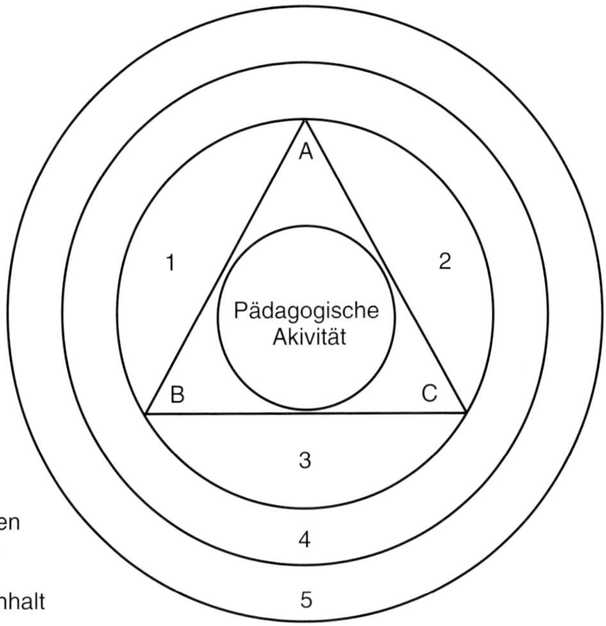

Entscheidungen
der Erzieherin
A = Ziel
B = Thema / Inhalt
C = Methode

Situationsanalyse
1 = Bedingungen bezüglich der Zielgruppe
2 = Bedingungen bezüglich Raum, Zeit, Organisation
3 = Bedingungen bezüglich Erzieherin und Team
4 = Institutioneller Rahmen
5 = Gesellschaftlicher Rahmen

Das soeben vorgestellte Strukturmodell lässt sich sowohl für die Planung als auch bei der Reflexion der pädagogischen Arbeit anwenden; es ist außerdem nutzbar als gedankliches Konstrukt oder als Gliederungshilfe bei der schriftlichen Vorbereitung oder Reflexion. Letztlich kann es sowohl bei der Planung des gesamten Erziehungsauftrages als auch bei der Umsetzung einzelner erzieherischer Aktivitäten eine Hilfe darstellen.
Da in der ersten Stufe der sozialpädagogischen Ausbildung (Sozialpädagogisches Seminar oder Kinderpflege-Ausbildung an der Berufsfachschule) die Planung, Durchführung und Reflexion von Einzelaktivitäten im Mittelpunkt steht, beziehen sich die folgenden Ausführungen auf diese Aufgabe. Dabei können diese Einzelaktivitäten sowohl besondere Angebote an Gruppen, als auch die Erledigung alltäglicher Aufgaben oder auch Beschäftigungen mit einzelnen Kindern sein.

Planung und Ausarbeitung einer pädagogischen Aktivität

1. Anlass/Idee für die pädagogische Aktivität
(Situation in der Gruppe, Aktualität, Einbettung der Aktion)

2. Beschreibung der Aktivität
(Entscheidungen der Erzieherin)

2.1. Zielsetzung
- Was soll durch diese Aktivität erreicht werden?
- Welches Verhalten wird angestrebt?
  (Angabe und Begründung des Zielbereiches, des Richt- oder Stammzieles und Konzentration auf ein konkretes Einzelziel, maximal zwei oder drei)

2.2. Thema / Inhalt
- Welches Thema aus der Lebensumwelt der Kinder oder Jugendlichen bestimmt die Aktivität?
- Welcher Inhalt wird aufgegriffen oder liegt zu Grunde?

2.3. Methode
- Auf welche Art und Weise kann das Ziel erreicht werden?
- Welche Methode / Vorgehensweise wendet die Erzieherin an?
- Wie agieren die Kinder?

3. Situationsanalyse
(Bedingungen für die geplante Aktivität)

3.1. Bedingungen bezüglich der Zielgruppe
- Wie viele und welche Kinder / Jugendlichen nehmen teil?
- Wie setzt sich die (Klein-)Gruppe zusammen (Alter, Geschlecht, Nationalität, Entwicklungsstand)?
- Wie werden die Kinder ausgewählt?
- Welche Voraussetzungen seitens der Kinder sind notwendig?
- Wie werden die Kinder diesbezüglich eingeschätzt?
- Sind Besonderheiten zu beachten?

3.2. Bedingungen bezüglich Raum, Zeit und Organisation
- Welche räumlichen Gegebenheiten und Regeln sind zu beachten?
- Welche räumliche Gestaltung ist notwendig?

- Wie hoch ist der zeitliche Aufwand?
- Wann wird die Aktivität in den Tagesablauf eingeplant?
- Welche Medien / Materialien müssen besorgt und vorbereitet werden?
- Welche weiteren Vorbereitungen sind zu treffen?

3.3. Bedingungen bezüglich der Erzieherin und des Teams
- Welche Voraussetzungen müssen von der Erzieherpraktikantin erfüllt werden?
- Welche persönliche Vorbereitung ist erforderlich?
- Welche fachliche und inhaltliche Vorbereitung ist zu leisten?
- Welche Gefühle löst die Planung der Aktivität aus (Freude, Ängste, Befürchtungen)?
- Lösungs- oder Bearbeitungsmöglichkeiten?
- Gibt es Fragen, die vorab geklärt werden sollten?
- Welche Absprachen mit Anleitung und Team müssen erfolgen?

3.4. Bedingungen bezüglich der Einrichtung, der Institution
- Welche Regeln sind vom Träger der Einrichtung vorgegeben?
- Sind einrichtungsspezifische Bedingungen und Regelungen zu beachten?
- Welchen Bezug gibt es zur Konzeption?
- Sind die erforderlichen Medien und Materialien in der Einrichtung vorhanden?

3.5 Gesellschaftliche Bedingungen
- Welche Rechtsgrundlage gibt es für die Aktivität?
- Existiert ein Zusammenhang zu aktuellen gesellschaftlichen Bedingungen, Strömungen, Themen?
- Sind besondere Bestimmungen (Aufsicht, Sicherheit, Hygiene) einzuhalten?

4. Verlaufsplanung für die Aktivität
(Der Bezug zu den Zielangaben soll erkennbar sein)

4.1. Motivation und Einführung

4.2. Hauptteil
(schrittweises Vorgehen)

4.3. Beendigung, Abschluss
(evtl. Hinweise auf Weiterführung und Zielkontrolle)

Erläuterungen zu den Entscheidungen bei einer pädagogischen Aktivität

Anlass für die pädagogische Aktivität

Zielüberlegungen

- Anlässe für pädagogische Aktivitäten können sowohl generelle Zielüberlegungen (z.B. aus der Konzeption) als auch Zielüberlegungen sein, die sich aus bestimmten Handlungsbedarf erfordernden Situationen (z.B. häufiger Streit in der Gruppe) oder Beobachtungen einzelner Kinder (z.B. ein Kind kann bei Sportspielen nicht verlieren, ein Kind wiederholt mit Begeisterung Reime und Fingerspiele) ergeben.

aktuelle Themen

- Ebenso können in der Gruppe aktuelle Themen (z.B. bestimmte 'angesagte' Computerspiele oder Fernsehsendungen) oder / und verschiedene Methoden (derzeitige Lieblingsbeschäftigungen in der Gruppe) pädagogische Aktivitäten veranlassen.

äußere Bedingungen
aktuelle Ereignisse

Elemente im Tagesablauf

- Auch äußere Bedingungen (Möglichkeit der Turnhallennutzung, Beteiligung an Aktionen), aktuelle Ereignisse in der näheren oder weiteren Umgebung (von der Spielplatzeinweihung bis hin zu Naturkatastrophen) oder einfach festgelegte Elemente im Tagesablauf der Einrichtung (Projektangebote, Hausaufgabenzeit, gemeinsames Singen) können Anlässe für pädagogische Aktivitäten bieten.

Ziele

Stammziel

- Bei den Zielen werden zwei Abstraktionsebenen unterschieden, die so genannten Stammziele und die Einzelziele.

- Unter Stammzielen sind alle übergeordneten Zielaspekte / Zielbereiche zu verstehen, von der obersten gesellschaftlichen Werte-Ebene (z.B. demokratisches Verhalten, Mündigkeit) über Bildungs- oder Förderbereiche bis hin zu verschiedenen Richtzielen (z.B. Kontaktfähigkeit, Selbständigkeit).

Ziel-Baum

- Der Begriff Stammziel leitet sich von dem Erklärungsmodell des 'Ziel-Baumes' ab, bei dem die einzelnen Teile des Baumes die verschiedenen gedanklichen Schritte bei der Konzipierung von pädagogischen Aktivitäten versinnbilden.

Es stellen dar:

die Wurzeln	Kompetenzen oder Entwicklungsbereiche
der Stamm	das Leit- oder Richtziel, die Förderschwerpunkte,
die Äste und Zweige	die Einzelziele
die Blätter	die Aktivitäten zur Erreichung der Einzelziele

Einzelziele

- Die konkreten Ziele werden als Einzelziele bezeichnet, weil sie in ihrer Formulierung auf ein(e) Aktivität / Fördereinheit / Projekt / Beschäftigung ausgerichtet sind. Sie sollen so konkret und differenziert formuliert werden, dass eine Überprüfung möglich ist.

- Bei der Planung von Aktivitäten erscheint es sinnvoll, sich auf ein Einzelziel, maximal zwei Einzelziele zu beschränken, da sonst die Bezugnahme in der Durchführung als auch der konkrete Bezug zu Thema und Methode zu schwierig wird. Es ist allerdings möglich, auch andere erreichbare Einzelziele oder Zielbereiche kurz zu erwähnen.

- Die Unterscheidung zwischen Grob- und Feinzielen wird in dieser Ausbildungsstufe noch nicht getroffen, da die Frage der Operationalisierung noch nicht thematisiert ist.

Thema / Inhalt

- Jede Aktivität, die mit jungen Menschen geplant und durchgeführt wird, hat auch eine thematische Dimension; das heißt, die Ziele, die erreicht werden sollen, beziehen sich auf einen Anknüpfungspunkt, einen Inhalt, ein Thema aus der näheren oder weiteren Lebensumwelt der Kinder oder Jugendlichen.

- Themen für Aktivitäten erwachsen entweder aus äußeren Bedingungen (Jahresablauf, Traditionen) oder aus der Situation in der Gruppe (aktuelle 'Gesprächsthemen') oder aus Beobachtungen, Vorhaben und Zielsetzungen des Erziehungspersonals.

- Die Ausführung zur thematischen Dimension in der Ausarbeitung lässt sich mit der Nennung einer Überschrift, einem Titel und einer kurzen Inhaltsangabe bei einem Aufsatz oder einem Artikel vergleichen.

Methode

- Unter dem Begriff Methode sind alle Aussagen zu verstehen, die darüber Auskunft geben, auf welche Art und Weise mit der Zielgruppe gearbeitet wird bzw. auf welche Art und Weise die ausgewählten Ziele erreicht werden sollen.

- Bei Planung und Ausarbeitung pädagogischer Aktivitäten sollten in der methodischen Dimension möglichst drei Aspekte berücksichtigt werden:
  - die Organisationsform (z.B. mit mehreren Kindern am Tisch, im Stuhlkreis)
  - die Maßnahmen der Erzieherin (z.B. anleiten, gemeinsames Tun, zusammenfassen, Maßnahmen unterstützen)
  - die Aktionen der Zielgruppe (z.B. bildnerisches Gestalten, Bildbetrachtung, Experimentieren)

- Eine weitere methodische Differenzierung (methodische Hinweise und Schritte, genaue Vorgehensweise, Regelungen) erfolgt in der Verlaufsplanung.

- Im engen Zusammenhang mit der Methode steht die Überlegung, welche Medien und Materialien für die Aktivität benötigt werden.

Zielbestimmung

Bei der Bestimmung von Zielen für eine Gruppe oder für ein einzelnes Kind ist zunächst festzulegen, was eigentlich ein Ziel ist:
Ein Ziel ist die gedankliche Festschreibung eines (dauerhaften) Verhaltens, welches ein Zu-Erziehender erreichen oder zeigen soll. Damit dieses Verhalten erreicht werden kann, initiiert der Erziehende bestimmte Handlungen oder Maßnahmen, die zu der Verhaltensänderung führen sollen.
Ziele sollten nach dem so genannten 'SMART-Prinzip' entwickelt werden und sie sollten herausfordernd sein.

'SMART-Prinzip'

S - spezifisch	Ein konkretes Einzelziel oder Teilziel für ein bestimmtes Kind oder bestimmte Kinder ist anzugeben, pauschale oder allgemeine 'Nebelziele' verhindern einen Bezug darauf in der Durchführung.
M - messbar	Der Grad der Zielerreichung lässt sich beobachten, messen oder anderweitig kontrollieren.
A - akzeptabel	Das Ziel ist annehmbar, d.h. ein Minimalkonsens zwischen allen an der Erziehung Beteiligten ist bezüglich des Zieles gegeben; das verlangt nicht, dass die Zielerreichung von allen gleichermaßen angestrebt wird.
R - realistisch	Das Ziel ist unter den gegebenen finanziellen, personellen und zeitlichen Bedingungen erreichbar.
T - terminiert	Ein Zeitpunkt für die voraussichtliche Zielerreichung ist anzugeben; kurz-, mittel- oder langfristige Bestimmungen sind möglich.

Herausforderung bedeutet, dass der als Ziel angestrebte zukünftige Zustand sich vom heutigen Zustand sichtbar unterscheidet; er stellt sich nicht von selbst ein, ist positiv zu bewerten und von daher erstrebenswert.

Nachdenken über Ziele

Lernzielgleichheit bei den Tieren

Vor langer Zeit entschloss sich die Tierwelt, einen entscheidenden und mutigen Schritt zu tun, um den Herausforderungen der neuen Zeit zu begegnen.
Deshalb wurde beschlossen, eine Schule zu gründen. Es wurde ein Lehrplan aufgestellt, der die Fächer Rennen, Klettern , Schwimmen und Fliegen enthielt: Um die Anwendung des Lehrplans möglichst einfach zu halten, sollten alle Tiere beim Unterricht in allen Fächern teilnehmen.

Die Ente war hervorragend im Schwimmen, tatsächlich sogar besser als ihr Lehrer. Allerdings zeigte sie nur eben befriedigende Leistungen im Fliegen und war sehr schwach im Rennen.
Da sie nur sehr langsam rennen konnte, musste sie den Schwimm-Unterricht auslassen und nachsitzen, um Rennen zu üben.
Dies wurde so lange beibehalten, bis ihre Schwimmfüße ziemlich zerschlissen waren und sie damit nur noch mäßig schwimmen konnte.

Mittelmäßige Leistungen wurden aber durchaus akzeptiert, so dass sich darüber niemand aufregte, nur die Ente selbst.

Das Kaninchen war zunächst Klassenbester im Rennen, bekam aber bald einen Nervenzusammenbruch wegen des vielen Nachhilfeunterrichts im Schwimmen.

Das Eichhörnchen war herausragend im Klettern, wurde aber im Fach Fliegen schnell ausgesprochen demotiviert, da der Lehrer verlangte, dabei vom Boden aus zu starten und nicht vom Baumwipfel. Durch Überanstrengung bekam es schließlich Muskelkater und erreichte im Klettern nur noch die Note befriedigend und im Rennen ausreichend.

Der Adler war ein Problemkind und musste ernsthaft ermahnt und auch bestraft werden. Im Klettern bis zum Baumwipfel war er der Schnellste, ließ sich aber nicht davon abbringen, es so zu machen, wie er wollte.

Am Ende des Schuljahres hatte ein ungewöhnlicher Aal die beste Durchschnittsnote und durfte die Rede beim Abschiedsfest halten.

Die Wüstenhunde behielten ihr Kind zuhause und verweigerten die Zahlung von Schulgeld, da die Schulverwaltung nicht bereit war, die Fächer Wühlen und Graben in den Lehrplan aufzunehmen. Stattdessen schickten sie ihr Kind zu einem Dachs in die Lehre und gründeten später zusammen mit den Murmeltieren und Erdhörnchen eine freie Privatschule.

(Aus dem Amerikanischen, Quelle unbekannt)

Förderschwerpunkte nach dem Bayerischen Kinderbildungs- und -betreuungsgesetz (BayKiBiG) von 2005

Neben den Basiskompetenzen, die ein Kind durch Erziehung und Bildung ausprägen soll, finden sich in der Ausführungsverordnung zum Bayerischen Kinderbildungs- und -betreuungsgesetz (AVBayKiBiG) (2/5) auch Förderschwerpunkte, die die Erziehungsarbeit in den sozial-pädagogischen Einrichtungen bestimmen. Festgelegt sind

§ 4 Ethische und religiöse Bildung und Erziehung; Emotionalität und soziale Beziehungen
- Kennen lernen der christlich-abendländischen Kultur
- Sinn- und wertorientiertes Leben
- Entwickeln einer religiösen oder weltanschaulichen Identität
- Unterstützung beim Umgang mit eigenen Gefühlen
- Toleranz und Empathie
- Mitverantwortung für die Gemeinschaft
- Konfliktlöseverhalten

§ 5 Sprachliche Bildung und Förderung
- Angemessener Ausdruck in deutscher Sprache, Mimik und Körpersprache
- Verfeinerung und Erweiterung von Wortschatz, Begriffs- und Lautbildung, Satzbau und sprachlicher Abstraktion
- Pflege von Dialekten
- Bei Migrantenkindern (beide Eltern nicht deutschsprachiger Herkunft) am Ende des vorletzten Kindergartenjahres eine Sprachstandserhebung (SISMIK = Sprachverhalten und Interesse an Sprache bei Migrantenkindern in Kindertagesstätten)
- Bei Förderungsbedarf nach Sprachstandserhebung verpflichtender 'Vorkurs' in Deutsch in Zusammenarbeit mit der Grundschule

§ 6 Mathematische Bildung
- Zahlen, Mengen, Formen erkennen, benennen und damit umgehen
- 'Umgang' mit Zeiträumen, Gewichten, Längen, Rauminhalten und Geld
- Einblick in wirtschaftliche Zusammenhänge

§ 7 Naturwissenschaftliche und technische Bildung
- Naturwissenschaftliche Zusammenhänge in der belebten und unbelebten Natur verstehen
- Experimente durchführen
- Aufgaben bewältigen, die naturwissenschaftliche und technische Grundanforderungen stellen

§ 8 Umweltbildung und -erziehung
- Ökologische Zusammenhänge erkennen
- Bewusstsein für gesunde Umwelt und umweltbezogenes Handeln
- Verantwortung für die Welt

§ 9 Informationstechnische Bildung; Medienbildung und -erziehung
- Bedeutung und Verwendungsmöglichkeiten informationstechnischer Geräte und Medien kennen lernen

§10 Ästhetische, bildnerische und kulturelle Bildung und Erziehung
- Umwelt in Formen, Farben und Bewegungen sowie in ihrer Ästhetik wahrnehmen
- Das Wahrgenommene schöpferisch und kreativ gestalterisch umsetzen

§11 Musikalische Bildung und Erziehung
- Ermutigung zum gemeinsamen Singen
- Musik konzentriert und differenziert wahrnehmen
- Verschiedene Musikinstrumente und musikalische Traditionen kennen lernen

§12 Bewegungserziehung und -förderung, Sport
- Motorische Fähigkeiten erproben
- Geschicklichkeit und Bewegungsfreiraum entwickeln

§13 Gesundheitserziehung
- Auf gesunde Ernährung und ausreichend Ruhe und Stille achten
- Hygiene, Körperpflege- und Krankheitsverhütungsmaßnahmen einüben
- Unbelastet mit der eigenen Sexualität umgehen
- Mit Gefahren im Alltag, besonders im Straßenverkehr, auseinandersetzen

Durchführung einer pädagogischen Aktivität (Verlauf)

Eine pädagogische Aktivität setzt sich in der Regel aus drei Elementen zusammen:

Einführung

Um die Kinder zu motivieren und auf das gemeinsame Tun einzustimmen erfolgt eine so genannte Einführung. Diese sollte so gestaltet sein, dass die Kinder neugierig werden (Spannungsaufbau) und gleichzeitig erfahren, welcher Teil ihrer Lebenswirklichkeit aufgegriffen und 'bearbeitet' wird. Raterunden, Meditationsübungen, Rollenspiele, einführende Worte oder anderes können Methoden für diese einleitende Phase einer Aktivität sein.

Hauptteil

Der Hauptteil einer Aktivität, der auch zeitlich den größten Umfang einnimmt, beinhaltet die eigentliche Aktion, die geplant wurde, um das Ziel zu erreichen. Darum ist es hier wichtig, immer wieder den Bezug zu dem Ziel der Aktivität herzustellen. Inwieweit die einzelnen methodischen Schritte des Hauptteils von der Erzieherin vorgeplant werden oder von den Kindern oder der Gruppe bestimmt sind, ist abhängig von der Art der Aktivität und der Konzeption der Einrichtung. Die Beachtung der so genannten sozialpädagogischen Prinzipien, die im nächsten Abschnitt näher erläutert werden, hilft, den Hauptteil einer Aktivität zu strukturieren und zielgruppengerecht zu gestalten.

Abschluss

Um nicht einfach aufzuhören sondern die Aktivität abzurunden, bedarf es der Überlegung, wie der Abschluss zu gestalten ist. Dieser Abschluss hat sowohl einen inhaltlichen als auch einen organisatorischen Anteil. Während der inhaltliche Part von Zusammenfassung, Darstellung und Ergebnissicherung gekennzeichnet ist, betrifft der organisatorische Teil eher Aufgaben wie Aufräumen, Umstrukturierung und Rückführung.

Sozialpädagogische Prinzipien für eine Aktivität

Nach Peter Thiesen (2/6) ist die erfolgreiche Unterstützung kindlicher Lernvorgänge abhängig von der Beachtung wichtiger Grundsätze, die deswegen auch bei der Planung pädagogischer Aktivitäten zu beachten sind. Es geht dabei um folgende Prinzipien:

Anschaulichkeit

Möglichkeiten zum Wahrnehmen und Begreifen mit allen Sinnen beleben jede Aktivität und schaffen für Kinder die Möglichkeit, über den Weg des konkreten Anschauens, Anfassens und Anhörens zum Nachdenken zu kommen. Bilder, Objekte, Darstellungen, Besuche vor Ort, Riech- und Geschmacksproben – all das sind Möglichkeiten, Themen anschaulich zu gestalten.

Aktivität der Zielgruppe

'Learning by doing' wird dieses Prinzip auch genannt. Gemeint ist die eigene Auseinandersetzung mit einer 'Thematik', also das eigene Ausprobieren, Experimentieren und Erklären. Die Selbstbestimmung und Selbstständigkeit der Kinder führen dabei letztlich zu Erkenntnissen und im weitesten Sinne zur Unabhängigkeit.

Individualisierung

Die Berücksichtigung der einzelnen Persönlichkeiten und ihrer Fähigkeiten in der Arbeit mit einer Gruppe ist äußerst wichtig, um jedem Gruppenmitglied Erfolgserlebnisse zu vermitteln; das heißt, die Möglichkeit eines individuellen Arbeitsverhaltens und Arbeitstempos sollte unbedingt gegeben sein.

Kind- und situationsgemäßes Arbeiten

Nicht nur individuelles Arbeitsverhalten und Arbeitstempo müssen beachtet werden, sondern auch die derzeitigen Bedürfnisse (Wünsche, Neigungen und Interessen), der Entwicklungsstand und evtl. Besonderheiten der Kinder.

Lebensnähe

Das Wählen von Anknüpfungspunkten aus dem Erfahrungsbereich der Kinder bereitet für diese den Weg zu entfernteren Lebensinhalten. So bewegt man sich in der Regel vom Einfachen zum Komplizierten, vom Nahen zum Fernen, vom Bekannten zum Unbekannten, vom Konkreten zum Abstrakten.

Übung und Wiederholung

Da ohne Üben und Wiederholen keine Festigung von Fähigkeiten und Fertigkeiten erfolgen kann, sollten Möglichkeiten dazu immer wieder eingebaut werden; der Weg der Übung ist oftmals: sehen und hören – gemeinsam tun – selbstständig tun.

Teilschritte

Gemeint ist hiermit das Aufteilen der Aktivität in einzelne Teilschritte (Operationen), die dann das Ganze ergeben; die einzelnen Schritte sollten für das Kind überschaubar sein, z.B. beim Zubereiten eines Obstsalates (Obst waschen, schälen, entkernen, zerteilen / Obst vermischen / Dressing zubereiten / anrichten).

Methodenvielfalt und Flexibilität (Variabilität)

Das Einbringen und der Einsatz unterschiedlicher Methoden und Medien, also eine variantenreiche Methodik, schafft die Möglichkeit, dass jedes Kind auf die ihm gemäße Art angesprochen wird. Außerdem erhalten so die Kinder oder die Gruppe die Chance, eigene Ideen in den Verlauf einzubringen.

Reflexion nach einer pädagogischen Aktivität

Wie im Kapitel über das Strukturmodell erwähnt wurde, lässt sich dessen Struktur auch als Wegweiser für eine Reflexion nutzen, die nach jeder pädagogischen Aktivität notwendig ist, um den fortwährenden Erziehungsprozess in Gang zu halten. Reflektiert wird dann bezüglich

- der Zielgruppe
  - War die Gruppenzusammensetzung der Aktivität entsprechend (Gruppengröße, Zusammensetzung, Entwicklungsstand)?
  - Wie haben die teilnehmenden Kinder auf das pädagogische Angebot reagiert?
  - Wie war das Verhalten der Kinder untereinander?
  - Wie haben die teilnehmenden Kinder auf mich reagiert?
  - Besondere Beobachtungen, z.B. bei einzelnen Kindern?

- des Raumes, der Zeit und der Organisation
  - Raum (Eignung, Störfaktoren / Ruhe, Atmosphäre, Gestaltung)
  - Zeit (Zeitpunkt im Tagesablauf, Dauer / Zeitaufwand, Zeiteinteilung)
  - Organisation (Materialvorbereitung, Medienbereitstellung, Vorbereitung des 'Arbeitsplatzes', Sicherheitsvorkehrungen, Elterninformationen, Absprachen im Team)

- der pädagogischen Fachkraft
  - Wie beschreibe ich mein Erzieherverhalten?
  - Wie habe ich mich selbst während der Aktivität erlebt? (Ruhe, Sicherheit, Geduld, Authentizität, Verhalten bei Unvorhergesehenem)
  - Wie habe ich mich im Kontakt mit den Kindern erlebt? (Einfühlungsvermögen, Beziehung, Reaktion auf Ideen der Kinder, Übersicht / Umsicht, positive Verstärkung, konsequentes Handeln)
  - Wie war mein Kommunikationsverhalten (verbal und nonverbal)?
  - Wie war ich persönlich und fachlich vorbereitet?

- der Entscheidungsfelder
  - Ziel (Auswahl, Alternativen, Formulierung, Beachtung, Erreichung, Kontrolle)
  - Thema / Inhalt (aktuelles Interesse, Erfahrungshorizont der Kinder, Situation)
  - Methode (Eignung, Flexibilität, Alternativen, methodische Grundsätze)

- des Verlaufs
  - Welchen Gesamteindruck hatte ich von
    der Einführung?
    (Motivation, Eignung, zeitlicher Rahmen)
    dem Hauptteil?
    (Vorbereitung, einzelne Arbeitsschritte, sozialpädagogische Prinzipien)
    dem Abschluss?
    (inhaltlich, organisatorisch)
  - Gab es Besonderheiten oder unvorhergesehene Situationen?
  - Halte ich Veränderungen für notwendig?
  - Wie kann ich mir eine Weiterführung vorstellen?

Wann sind mir die Haare zu Berge gestanden?
Was ist mir aufgefallen?
Was habe ich gehört?
Wobei hatte ich Herzklopfen?
Was habe ich bekommen?
Worauf gehe ich zu?
Was hat mir zu denken gegeben?
Was hat mir gestunken?
Was will ich eigens betonen?
Was ging mir unter die Haut?
Was habe ich gegeben?
Worauf möchte ich bestehen?
Reflexine

Fachbegriffe im Lernfeld 2

Arbeitsfelder

Als Arbeitsfelder werden alle Arbeitsbereiche bezeichnet, in denen Erzieherinnen tätig sind, und zwar sowohl Einrichtungen, die die Erziehung in der Familie ergänzen, als auch Einrichtungen, die stellvertretend für die Familie erziehen.

Strukturmodell

Das so genannte Strukturmodell ist ein Planungsansatz (Modell) für die Vorbereitung und Reflexion pädagogischer Aktivitäten, der sowohl die Entscheidungen der Erzieherin als auch die Bedingungen (Situationsanalyse) für diese Aktivitäten berücksichtigt.

Pädagogische Aktivität

Unter einer pädagogischen Aktivität wird eine zeitlich, inhaltlich und methodisch begrenzte Aktivität mit definiertem Ziel im Rahmen der pädagogischen Arbeit einer Einrichtung verstanden.

Schriftliche Ausarbeitung

Die Vorbereitung pädagogischer Aktivitäten in schriftlicher Form beinhaltet eine Situationsanalyse, die Entscheidungen der Erzieherin bezüglich Ziel, Thema und Methode und eine Verlaufsplanung.

Ziele

Bei der Planung pädagogischer Aktivitäten werden Ziele auf zwei Abstraktionsebenen unterschieden, die Stammziele (übergeordnete Zielaspekte) und die Einzelziele (ausgerichtet in ihrer Formulierung auf eine einzelne Aktivität).

Themen / Inhalte

Die thematische Dimension einer Aktivität bezieht sich auf den Anknüpfungspunkt, den Inhalt aus der näheren oder weiteren Lebensumwelt der Kinder oder Jugendlichen.

Methoden

Unter dem Begriff Methode sind bei der Planung einer pädagogischen Aktivität alle Aussagen zu verstehen, die darüber Auskunft geben, auf welche Art und Weise mit der Zielgruppe gearbeitet wird. In der Regel werden die Organisationsform, die Maßnahmen der Erzieherin und die Aktionen der Zielgruppe aufgeführt.

Situationsanalyse

Die Situationsanalyse hinterfragt die Bedingungen bezüglich der Zielgruppe, bezüglich Raum, Zeit und Organisation und bezüglich der Erzieherin und des Teams. Auch der institutionelle sowie der gesellschaftliche Rahmen werden in die Überlegungen einbezogen.

BayKiBiG

Das Bayerische Kinder-Bildungs- und Betreuungs-Gesetz legt den Bildungs- und Erziehungsauftrag für sozialpädagogische Einrichtungen fest und beschreibt sowohl die Grundlagen der Förderung und Bildung als auch die Basiskompetenzen und die Förderschwerpunkte.

Förderschwerpunkte

Als Förderschwerpunkte finden sich im BayKiBiG:
- Ethische und religiöse Bildung, Emotionalität und soziale Beziehungen
- Sprachliche Bildung und Förderung
- Mathematische Bildung
- Naturwissenschaftliche und technische Bildung
- Umweltbildung und -erziehung
- Informationstechnische Bildung
- Medienbildung und -erziehung
- Ästhetische, bildnerische und kulturelle Bildung und Erziehung
- Musikalische Bildung und Erziehung
- Bewegungserziehung und -förderung, Sport
- Gesundheitserziehung

Sozialpädagogische Prinzipien

Bei der Planung pädagogischer Aktivitäten sind bestimmte Grundsätze zu berücksichtigen, die die Arbeit mit Kindern erfolgreich werden lassen:
- Anschaulichkeit
- Aktivität der Zielgruppe
- Individualisierung
- Kind- und situationsgemäßes Arbeiten
- Lebensnähe
- Teilschritte
- Methodenvielfalt und Flexibilität
- Übung und Wiederholung

Reflexion

Reflexion bezeichnet das Nachdenken über die pädagogische Arbeit bzw. einzelner Teilbereiche mit dem Ziel, die Kinder und Jugendlichen besser zu verstehen und die weitere Arbeit zu optimieren.

Literatur im Lernfeld 2

2/1 Hansen, Hartmut
Persönlichkeit
in: Pousset, Raimund (Hrsg.)
Handwörterbuch für Erzieherinnen und Erzieher
Berlin / Düsseldorf / Mannheim, 2006

2/2 Müller, C. Wolfgang
Sozialpädagogik
in: Pousset, Raimund (Hrsg.)
Handwörterbuch für Erzieherinnen und Erzieher
Berlin / Düsseldorf / Mannheim, 2006

2/3 Grüneberg L. / Hauser, P.
Erziehen als Beruf
Köln, 1993

2/4 Dippelhofer-Stiem, Barbara
Berufliche Sozialisation von Erzieherinnen
in: Fried, Lilian und Roux, Susanne
Pädagogik der frühen Kindheit
Weinheim / Basel 2006

2/5 Bayerisches Staatsministerium für Arbeit
und Sozialordnung, Familie und Frauen
Ausführungsverordnung zum Bayerischen
Kinderbildungs- und -betreuungsgesetz
München, 2005

2/6 Thiesen, Peter
Die gezielte Beschäftigung im Kindergarten
Freiburg, 2004

Bildungsprozesse anregen und begleiten

Zielformulierung

Im Rahmen der Auseinandersetzung mit dem Bildungsbegriff begreifen die Erzieherpraktikantinnen Bildung als individuellen, lebenslangen und kulturschaffenden Prozess. Sie akzeptieren die Abhängigkeit der Bildung vom Wertesystem der Gesellschaft und können die Bildungsaufträge unterschiedlicher Institututionen, die in den Konzeptionen festgeschrieben sind, unterscheiden. Sie sind in der Lage, individuelles Bildungsgeschehen zuzulassen, anzuregen, zu begleiten und zu dokumentieren.
Die Erzieherpraktikantinnen berücksichtigen bei der Gestaltung von Bildungsprozessen sowohl die Schritte des methodischen Handelns als auch die Prinzipien des ganzheitlichen und erfahrungsorientierten Lernens.
Sie erleben Schwierigkeiten und Probleme in individuellen Bildungsprozessen der Kinder und Jugendlichen und fördern deren Fähigkeit, mit Belastungen und Stresssituationen erfolgreich umzugehen.
Die Erzieherpraktikantinnen reflektieren ihre eigene Bildungsbiografie. Sie entwickeln für sich persönliche und berufsbezogene Bildungsziele und das Bewusstsein für die Notwendigkeit von Fort- und Weiterbildung.

Verbindliche Fachinhalte für das Fach PML

- **Bildungsauftrag unterschiedlicher sozialpädagogischer Einrichtungen**
- **Impulse für Bildungsprozesse**
- **Bildungsangebote**
- **Dokumentation von Bildungsprozessen und Bildungswegen**

Fachinhalt

Bildungsauftrag unterschiedlicher sozialpädagogischer Einrichtungen

Diverse Studien zur Bildungsthematik haben in den letzten Jahrzehnten das Bewusstsein für die Bildungsfähigkeit von Kindern und die Bildungsnotwendigkeit auch in außerschulischen Institutionen geweckt und gesteigert. In Politik und Öffentlichkeit wird 'Bildung' fokussiert, es entstehen in allen Bundesländern Ideen, Pläne und Richtlinien, wie Bildung – besonders auch in sozialpädagogischen Einrichtungen – impliziert und gefördert werden kann.

Bildungsauftrag im Bayerischen Kinderbildungs- und -betreuungsgesetz

Gemeinsame Grundlage für den spezifischen Bildungsauftrag unterschiedlicher sozialpädagogischer Einrichtungen in Bayern ist die Ausführungsverordnung des Bayerischen Staatsministeriums für Arbeit und Sozialordnung, Familie und Frauen zum Bayerischen Kinderbildungs- und -betreuungsgesetz (AV BayKiBiG) aus dem Jahre 2005 (3/1)). In den folgenden Paragrafen 1 und 2 sind sowohl die allgemeinen Grundlagen für eine individuelle Förderung und Bildung als auch die Basiskompetenzen festgelegt, die ein Kind erwerben soll.

AV BayKiBiG
§ 1

- Das Kind gestaltet entsprechend seinem Entwicklungsstand seine Bildung von Anfang an aktiv mit.
  Das pädagogische Personal in den Kindertageseinrichtungen hat die Aufgabe, durch ein anregendes Lernumfeld und durch Lernangebote dafür Sorge zu tragen, dass die Kinder anhand der Bildungs- und Erziehungsziele Basiskompetenzen erwerben und weiterentwickeln.
- Leitziel der pädagogischen Bemühungen ist im Sinn der Verfassung der beziehungsfähige, wertorientierte, hilfsbereite, schöpferische Mensch, der sein Leben verantwortlich gestalten und den Anforderungen in Familie, Staat und Gesellschaft gerecht werden kann.
- Das pädagogische Personal fördert die Kinder individuell und ganzheitlich und entsprechend ihrer sozialen, kognitiven, emotionalen und körperlichen Entwicklung.
- Es begleitet und beobachtet sie in ihrem Entwicklungsverlauf.
- Kinder mit und ohne (drohende) Behinderung werden nach Möglichkeit gemeinsam gebildet, erzogen und betreut sowie darin unterstützt, sich mit ihren Stärken und Schwächen gegenseitig anzunehmen.
- Das pädagogische Personal hat die Aufgabe, soziale Integration zu fördern und Kinder bei der Entwicklung ihrer Geschlechtsidentität als Mädchen und Buben zu unterstützen und auf Gleichberechtigung hinzuwirken.
- Das pädagogische Personal arbeitet bei der Umsetzung der Bildungs- und Erziehungsziele partnerschaftlich mit den primär für die Erziehung verantwortlichen Eltern und dem Elternbeirat zusammen und informiert die Eltern in regelmäßigen Gesprächen über die Entwicklung des Kindes.

AV BayKiBiG
§ 2

Zur Bildung der gesamten Persönlichkeit der Kinder unterstützt und fördert das pädagogische Personal auf der Grundlage eines christlichen Menschenbildes folgende Basiskompetenzen:

1. die Entwicklung von freiheitlich-demokratischen, religiösen, sittlichen und sozialen Werthaltungen,
2. den Erwerb von personalen, motivationalen, kognitiven, physischen und sozialen Kompetenzen,
3. das Lernen des Lernens,
4. die Bereitschaft zur Verantwortungsübernahme sowie zur aktiven Beteiligung an Entscheidungen,
5. die Entwicklung von Widerstandsfähigkeit,
6. die musischen Kräfte sowie
7. die Kreativität.

Fachinhalt

Impulse für Bildungsprozesse

Wenn in der Zielformulierung zu diesem Lernfeld Bildung als individueller und lebenslanger Prozess bezeichnet wird, macht das schon deutlich, dass Kinder nicht gebildet werden, sondern sich selbst bilden, wenn die Bedingungen gut sind. Bei der Bildung in sozialpädagogischen Einrichtungen geht es also nicht um eine Belehrungspädagogik sondern um das Schaffen von Bedingungen, die Bildung ermöglichen.

Jean Piaget (3/2) drückt das mit dem Satz aus: *"Bei allem, was wir dem Kind beibringen, hindern wir es daran, es selbst zu erforschen und zu entdecken."*

Nachdenken über Bildung

Die 100 Sprachen

Ein Kind hat **100** *Sprachen*
100 *Hände*
100 *Gedanken*
100 *Weisen*
zu denken,
zu spielen und zu sprechen.
Immer **100** *Weisen*
zuzuhören, zu staunen und zu lieben,
100 *Welten zu entdecken*
100 *Welten zu erfinden*
100 *Welten zu träumen.*

Ein Kind hat **100** *Sprachen,*
doch es werden ihm 99 geraubt.
Die Schule und die Umwelt
trennen ihm den Kopf vom Körper.
Sie bringen ihm bei
ohne Hände zu denken
ohne Kopf zu handeln
ohne Vergnügen zu verstehen
ohne Sprechen zuzuhören
nur Weihnachten und Ostern
zu lieben und zu staunen.

Sie sagen ihm
dass die Welt bereits entdeckt ist
und von **100** *Sprachen*
rauben sie dem Kind 99.
Sie sagen ihm
dass das Spielen und die Arbeit
die Wirklichkeit und die Phantasie
die Wissenschaft und die Vorstellungskraft
der Himmel und die Erde
die Vernunft und der Traum
Dinge sind, die nicht zusammengehören.

Sie sagen also
dass es die **100** *nicht gibt.*
Das Kind sagt:
Aber es gibt sie doch.

Loris Malaguzzi (3/3)

“Weltwissen der Siebenjährigen”

Was sollen Kinder in den ersten sieben Jahren erlebt haben, können, wissen? Wie sollen sie gebildet werden? Nie ist die Lust am Forschen, die Begeisterung für neue Erfahrungen größer als in den Jahren vor Schulbeginn. Welche Bedeutung hat das für die Bildungsarbeit in Krippen, Kindergärten und Kinderhäusern?

Donata Elschenbroich, Sozialwissenschaftlerin aus Frankfurt, fordert *“Wir brauchen einen Kanon von Bildungsgelegenheiten, die jedem Kind zustehen”.* In ihrem Buch *“Weltwissen der Siebenjährigen”* (3/4) legt sie dar, wie dieser Kanon aussehen könnte.

Danach sollten Siebenjährige z.B.
- vier Tätigkeiten im Haushalt ausführen können (Treppe kehren, Wäsche aufhängen, Blumen gießen, Bett beziehen…)
- zwei Kochrezepte umsetzen und ein Geschenk verpacken können
- ein Baby gewickelt haben und wissen, was bei einer Erkältung im Körper vorgeht,
- einen Streit aus zwei Positionen schildern und ein Beispiel für Ungerechtigkeit erzählen können
- drei Lieder singen können, eines davon in einer anderen Sprache
- drei Fremdsprachen am Klang erkennen und Begrüßungsformen in zwei Kulturen darstellen können
- einen Zungenbrecher kennen sowie drei Witze und drei Rätsel beherrschen
- ein Musikinstrument gebaut und eine Tonleiter gespielt haben
- Telefonate geführt haben und einige Anwenderprogramme im Computer kennen
- zwei Zaubertricks kennen und einmal auf einer Bühne gestanden haben, um dem Publikum etwas Vorbereitetes vorzutragen
- eine Nachtwanderung gemacht haben, drei Sternbilder kennen, durch ein Teleskop geschaut haben und eine Sonnenuhr gesehen haben
- in einer Bücherei und in einer Werkstatt sowie in einem Museum gewesen sein
- eine Kirche (Moschee, Synagoge) und einen Friedhof besucht haben und ein Gebet beherrschen

- wissen, was Grundwasser ist, ein Kompass, eine Wasserwaage, ein Lexikon, ein Katalysator, eine Lupe, ein Stadtplan oder ein Architekturmodell
- Konzepte erklären können, z.B. Was ist ein Geheimnis, die innere Stimme, Heimweh, Eifersucht, Gastfreundschaft oder ein Missverständnis?
- Ereignisse aus der Familiengeschichte kennen, z.B. Anekdoten aus der eigenen Biografie erzählen können

Bildungsräume – Gedanken zu diesem Thema

Mehrfach wurde bereits erwähnt, dass es Aufgabe des pädagogischen Personals in sozialpädagogischen Einrichtungen ist, Bedingungen zu schaffen, die die Selbstbildung der Kinder ermöglichen. Ein wesentlicher Aspekt dabei ist die Bereitstellung und Gestaltung von Erfahrungsräumen drinnen wie draußen, in denen sich die Kinder aufhalten, in denen sie ihre Zeit verbringen. Gedanken unterschiedlicher Autoren zu diesem Thema werden nachfolgend dargestellt: Gerlinde Lill (3/5) macht sich grundsätzliche Gedanken zum Thema 'Räume', Claudia Schäfer (3/6) beschreibt die in der Montessori-Pädagogik so bedeutende lernanregende Umgebung, und Udo Lange und Theodor Stadelmann (3/7) fragen provokant "Wieviel Stuhl braucht ein Kind"?

Räume

Kinder haben unterschiedliche Bedürfnisse und Interessen! Raumgestaltung ist mehr als Dekoration, sie schafft Atmosphäre, strukturiert, animiert, fördert das Wohlbefinden, die Kommunikation und die Entspannung.

Ausgangsüberlegungen zur Gestaltung von Räumen für Kinder / Jugendliche:

Welche Interessen, welche Bedürfnisse der Kinder / Jugendlichen können wir im Alltag beobachten? Was brauchen sie dringend?
Welche Konflikte treten immer wieder auf, z.B. durch wechselseitige Behinderung verschiedener Aktivitäten?
Welche Kinder / Jugendlichen kommen immer zu kurz?
Was soll in den Räumen möglich sein? (Rückzug, Ruhe, Bewegung, Essen...?)
Welche Räume stehen zur Verfügung? Wie werden diese gegenwärtig genutzt?
Wie können die Räume entsprechend ihrer Funktion gestaltet werden?

Gestaltung der Räume

Beteiligung der Kinder / Jugendlichen an der Planung und Gestaltung – es soll ein Ort für die Kinder und Jugendlichen sein!
Gruppenübergreifende Planungen im Team erweitern das Spektrum an Nutzungsmöglichkeiten der vorhandenen Räumlichkeiten.

lernanregende Umgebung

- Die kindliche Neugier ist ein kostbarer Motor für jegliches Lernen, jedoch auch eine sehr empfindliche Eigenschaft, die nur in einer vertrauten, angstfreien Atmosphäre wachsen kann.

- Die Ästhetik eines Raumes hat großen Einfluss auf Kinder. Schöne Dinge fordern sie auf, sich mit ihnen zu beschäftigen, vorsichtig mit ihnen umzugehen und sie wertzuschätzen. Und Kinder selbst fühlen sich dadurch wertgeschätzt.

- Für Vorschulkinder ist es auch hilfreich, wenn alles im Raum seinen Platz hat, geordnet und übersichtlich ist, denn jüngere Kinder haben einen 'engeren' Blick als Erwachsene. Sie können einen Raum noch nicht in seiner Gesamtheit erfassen, sondern sehen konkret die Einzelheiten. Deshalb sollte z.B. das Bücherregal nur Bücher enthalten (und nicht zu viele) und Spiele sollten nicht aufeinander gestapelt sein, sondern gut sichtbar in Augenhöhe der Kinder im Regal liegen.

- Nach Maria Montessori bietet diese äußere Ordnung Kindern die Möglichkeit, sich in der für sie noch unübersichtlichen Welt zu orientieren, und macht ihnen Mut, sich selbstständig darin zu bewegen und zu handeln. Die äußere Ordnung hilft dabei, eine innere geistige Ordnung aufzubauen.

Wieviel Stuhl braucht das Kind?

Der typische 'Sitzkindergarten' mit seiner ausgeprägten Tisch- und Stuhldominanz erinnert mittlerweile an den diskreten Charme der frühen Wohlstandsjahre. In den fetten Zeiten des Überflusses war das Paradies bestuhlt. Heute ist die Frage erlaubt, wieviel Stuhl das Kind für seine Entwicklung zum Menschsein benötigt. Das Motto 'Wer zuviel sitzt, dem bleibt die Welt verschlossen' beschreibt sehr treffend die aktuelle Bildungsdiskussion und unsere Suche nach kindorientierten Lernformen.

Stühle sind Bedeutungsträger, sie transportieren wie alle Möbelstücke auch immer die Werte von Erwachsenen in die Kinderwelt. In ihrer Doppeldeutigkeit ermöglichen oder verhindern sie. Wir haben wenig vom Wesen der Kindheit begriffen, wenn wir fürsorglich meinen, dass Lernräume möbliert sein müssen. Im Kindergartenalter bestimmt noch die Bodenperspektive viele Spiel- und Lernaktivitäten. Hier sind Kinder authentisch und stark und vor allem aktiv!

Nester, Nischen, Teppiche, Decken und Kissen drücken Mobilität aus und unterstützen den Gestaltungswillen der Spielenden.

Im Spiel werden vom Kind Wirklichkeiten in Frage gestellt, um sich die Welt zu erschließen. Da wird der Stuhl zur Höhle, und viele Stühle ergeben ein Flugzeug. Kinder benutzen im Spiel scheinbar klar definierte Dinge als Symbol, um ihre Gedanken, Entdeckungen und Gefühle auszudrücken.

Manchmal ist der Stuhl aber auch wichtig, um vor allem in Zeiten der Orientierung einen sicheren Platz vorzufinden, von dem aus still das Gruppengeschehen zu beobachten ist.

Klar, Kinder brauchen Stühle – aber anders als wir!

Wunschräume

Wo ist der Raum,
in dem wir ungestört blödeln können?
Wo ist der Raum,
in dem wir ungestört lachen können?
Wo ist der Raum,
in dem wir ungestört spielen können?
Nicht turnen - spielen!
Wo ist der Raum?

Wo ist der Raum,
in dem ich ungestört weinen kann?
Wo ist der Raum,
in dem ich ungestört nachdenken kann?
Wo ist der Raum,
in dem ich ungestört träumen kann?
Nicht schlafen - träumen!
Wo ist der Raum?

Wo ist der Mensch,
der mir hilft, dass meine
Wunschräume
nicht Wunschträume bleiben?
Wo ist der Mensch?

Ernst A. Ekker / Gerhard Hofer (3/8)

Fachinhalt

Bildungsangebote

Neben der Schaffung einer bildungsanregenden Umgebung und der Impulsgebung für eigene Bildungsprozesse ist es auch Aufgabe des pädagogischen Personals in sozialpädagogischen Einrichtungen, konkrete Aktivitäten zu planen und zu initiieren, in denen Kinder und Jugendliche ihre Bildung in verschiedenen Bereichen erweitern können; diese unterschiedlichen Bereiche wurden im vorhergehenden Kapitel bereits als Förderschwerpunkte angesprochen.

Prinzipien für Bildungsangebote
Damit bei Bildungsangeboten / Bildungsaktivitäten in sozialpädagogischen Einrichtungen die angestrebten Ziele erreicht werden können, sollten verschiedene Prinzipien bedacht und berücksichtigt werden:

Prinzip der sinnlichen Wahrnehmung

- Kann der junge Mensch den Lerninhalt mit verschiedenen Sinnen aufnehmen?
- Wie viele, welche Sinne werden bei der Vermittlung aktiviert, angesprochen?

Prinzip der ganzheitlichen Erfahrung

- Ist der Bildungsinhalt mit Geist, Körper und Seele (Kopf, Herz, Hand) erfahrbar?
- Gibt es Einseitigkeit oder Überbetonung eines Bereiches in der Vermittlung?

Prinzip der persönlichen Betroffenheit

- Setzt das Angebot an der derzeitigen Lebenssituation der jungen Menschen an?
- Betrifft der Bildungsinhalt die Kinder und Jugendlichen?
- Geht ein Interesse daran von den Kindern oder Jugendlichen aus?

Prinzip der Erfahrungssammlung

- Bietet die Aktivität die Möglichkeit des Experimentierens, des Probehandelns?
- Geht das Probehandeln in ein Handeln / Tun in der Realität über?
- Erkennt der junge Mensch die Verbindung von Probe- und Realitätshandeln?

Prinzip der Urteilsbildung

- Erhält der junge Mensch die Möglichkeit, sich ein eigenes Urteil zu bilden?
- Werden Zeit und Raum für diese Urteilsbildung eingeplant?
- Wird das eigene Urteil mit anderen Menschen kommuniziert?

Prinzip der geschichtlichen Dimension

- Besitzt und erfährt der Bildungsinhalt eine Geschichtlichkeit im Leben des jungen Menschen?
- Hatte er eine Bedeutung in der Vergangenheit?
- Wie wird er im Heute erlebt?
- Welche Bedeutung, welcher Wert ist für die Zukunft abzusehen?

Prinzip der eigenen Lebensplanung, des Sinns im eigenen Leben

- Ist der Bildungsinhalt auf das Leben in unserer Gesellschaft abgestimmt?
- Eröffnet er Möglichkeiten für ein selbst bestimmtes Leben?
- Motiviert der Bildungsinhalt zur aktiven Mitgestaltung der Zukunft?

Fachinhalt

Dokumentation von Bildungsprozessen und Bildungswegen

In der gegenwärtigen Bildungsdiskussion taucht immer wieder die Frage auf, wie denn die Bildungsprozesse in einer Gruppe oder auch die Bildungswege einzelner Kinder und Jugendlicher festgehalten und dokumentiert werden können. Gerd E. Schäfer (3/9) stellt Leitfragen dazu vor:

Leitfragen zur Dokumentation von Bildungsprozessen

Sinneserfahrung

Welche Sinneserfahrungen werden angesprochen?
- Was nehmen die Kinder mit ihrem Körper wahr?
- Was sehen sie?
- Was hören sie?
- Welche Gefühle drücken sie aus?

Wege innerer Verarbeitung

Welche Wege innerer Verarbeitung können wahrgenommen werden?
- Welche Interessen oder Themen beschäftigen die Kinder?
- Welche Vorstellungen, Bilder entwickeln die Kinder zu ihren Themen?
- Wie stark lassen sie sich auf ihre Tätigkeit ein und bleiben bei der Sache?
- Welche Handlungsformen und welches Können setzen die Kinder ein?
- Werden neue Ideen entwickelt, besprochen, ausprobiert?
- Welche Theorien entwickeln die Kinder zu ihren Themen?
- Welche Fantasien werden weitergesponnen?
- Wie gehen die Kinder mit Unsicherheiten und Schwierigkeiten um?
- Welchen Sinn geben sie ihrem Tun?
- Was wird gesprochen, in Worte gefasst?
- Gibt es Ansätze für ein Denken in Quantitäten oder mathematischen Vorformen?

Formen sozialer Beziehungen

Welche Formen sozialer Beziehungen können wahrgenommen werden?
- Wie verständigen sich die Kinder untereinander – mit oder ohne Worte?
- Wie verständigen sich die Kinder mit Erwachsenen?

- Worüber wird gesprochen?
- Werden Wahrnehmungen, Empfindungen, Gefühle angesprochen?
- Gehen die Kinder einfühlsam miteinander um?
- Tauschen die Kinder ihre Ideen aus?

Sinnzusammenhänge

Lernen die Kinder in komplexen Situationen und Sinnzusammenhängen?
- Ergibt sich die Lern- oder Bildungssituation aus dem Alltagszusammenhang?
- Ist der beobachtete Prozess aus einer für das Kind nachvollziehbaren und sinnvollen Situation hervorgegangen?
- Ist ein Zusammenhang mit vorangegangenen Erfahrungssituationen erkennbar?
- Gibt es in der beobachteten Situation mehrere Handlungsmöglichkeiten und Handlungsalternativen, die auch von den Erwachsenen akzeptiert werden können?

forschendes Lernen

Handelt es sich um forschendes Lernen?
- Welchen Herausforderungen stellt sich das Kind / stellen sich die Kinder?
- Probieren die Kinder etwas aus, was sie noch nicht kennen / können?
- Was fragen die Kinder?
- Welche Überlegungen (Theorien) stecken hinter ihren Fragen?

Fachbegriffe im Lernfeld 3

Bildung

Unter Bildung wird hier der lebenslange Prozess eines jeden Menschen verstanden, sich die Welt in all ihren Erscheinungsformen zu erschließen und Sinnzusammenhänge herzustellen. Bildung ist kein rein kognitiver sondern ein ganzheitlicher Prozess, der von jedem Individuum unterschiedlich gesteuert und vollzogen wird.

Bildungsauftrag

Sozialpädagogische Einrichtungen haben neben dem Erziehungs- auch immer einen Bildungsauftrag. In Bayern ist dieser Bildungsauftrag festgeschrieben im Bayerischen Kinderbildungs- und -betreuungsgesetz (BayKiBiG 2005) und dessen Ausführungsverordnung (AV BayKiBiG 2005).

Basiskompetenzen

Im Paragraf 2 der AV BayKiBiG werden die so genannten Basiskompetenzen der Bildung beschrieben, die sowohl die Entwicklung von Werthaltungen, die Bereitschaft zur Verantwortung als auch den Erwerb unterschiedlicher Fähigkeiten im Ich-, Sozial- und Sachbereich beinhalten.

Bildungsprozesse

Als Bildungsprozess ist jedes Geschehen zu verstehen, welches dem Kind (oder Erwachsenen) die Welt mit ihren Strukturen ein Stück mehr erfahrbar und begreifbar macht.

Erfahrungsräume

Um Bildungsprozesse zu ermöglichen, ist die Nutzung und Gestaltung von Erfahrungsräumen für die jungen Menschen eine wichtige Bedingung. Orientierung an Interessen und Situationen der Kinder, Aufforderungscharakter, Struktur, Ästhetik und Rückzugsmöglichkeit sind wichtige Regeln bei der Gestaltung der Räume mit Kindern und für Kinder.

Prinzipien für Bildungsangebote

Damit Bildungsangebote von den zu Bildenden angenommen werden können, sollten sie bezüglich ihrer pädagogischen Prinzipien hinterfragt werden:

- Prinzip der sinnlichen Wahrnehmung
- Prinzip der ganzheitlichen Erfahrung
- Prinzip der persönlichen Betroffenheit
- Prinzip der Erfahrungssammlung
- Prinzip der Urteilsbildung
- Prinzip der geschichtlichen Dimension
- Prinzip der eigenen Lebensplanung

Bildungsdokumentation

Um die Bildungsprozesse der Kinder und Jugendlichen zu unterstützen, ist eine individuelle Beobachtung und Dokumentation dieser Beobachtungen unerlässlich. Dabei sind sowohl die Situationen, die Beteiligung der Sinne als auch die Kommunikation und das Lernverhalten des jungen Menschen zu beachten.

Literatur im Lernfeld 3

3/1 Bayerisches Staatsministerium für Arbeit
und Sozialordnung, Familie und Frauen
Ausführungsverordnung zum Bayerischen
Kinderbildungs- und -betreuungsgesetz
München, 2005

3/2 Piaget, Jean
Das Erwachen der Intelligenz beim Kinde
Stuttgart, 2003

3/3 Malaguzzi, Loris
Die 100 Sprachen
in: Sommer, Birgit
Kinder mit erhobenem Kopf - Kindergärten und Krippen in
Reggio Emilio, Italien
Neuwied / Berlin, 1999

3/4 Elschenbroich, Donata
Weltwissen der Siebenjährigen
München, 2002

3/5 Lill, Gerlinde
Von Abenteuer bis Zukunftsvision
Neuwied / Berlin 1998

3/6 Schäfer, Claudia
Spaß am Lernen mit Maria Montessori -
Eine lernanregende Umgebung in Kindertagesstätten
gestalten
in: Kindergarten heute, 11-12 / 2004, Fachzeitschrift für
Erziehung, Bildung und Betreuung von Kindern

3/7 Lange, Udo / Stadelmann, Thomas
Das Paradies ist nicht möbliert
Neuwied / Berlin 1999

3/8 Ekker, Ernst A. / Hofer, Gerhard
Wunschräume
in: Hofer, Gerhard
Erlebnis Mitwelt
Wien / Stuttgart, 1990

3/9 Schäfer, Gerd E.
Beobachten und Dokumentieren in KiTas
in: Kindergarten heute, 8 / 2004, Fachzeitschrift für
Erziehung, Bildung und Betreuung von Kindern

Beziehungen und Kommunikation gestalten

Zielformulierung

Den Erzieherpraktikantinnen ist die universale Bedeutung verbaler und nonverbaler Kommunikation und Interaktion für die Gestaltung personaler Beziehungen in ihrer Berufspraxis bewusst. Sie erkennen in der Kommunikation mit Kindern und Jugendlichen den besonderen Mitteilungscharakter verschiedener Ausdrucksformen und entwickeln die Fähigkeit, diese in Bezug auf die Befindlichkeit und Bedürfnislagen der jungen Menschen sensibel zu deuten. Den Erzieherpraktikantinnen ist die unmittelbare Wirkung ihrer Haltung und Ausdrucksfähigkeit für die Entwicklung der pädagogischen Beziehung zum Einzelnen genauso wie zur gesamten Gruppe bewusst. Dabei akzeptieren sie die Notwendigkeit der fortdauernden kritischen Reflexion der eigenen Kommunikation und der damit zum Ausdruck gebrachten Einstellung.
Sie sind in der Lage, auf Gesprächspartner aus unterschiedlichen Kulturen und mit unterschiedlichem sozioökonomischen Hintergrund unvoreingenommen und selbstbewusst zuzugehen. Sie können Gesprächsanlässe und Gesprächsabsichten einschätzen und Grundsätze der Gesprächsführung berücksichtigen. Aus dem Bewusstsein heraus, mit ihrem Auftreten und Verhalten auf andere Menschen Wirkung auszuüben, sind sie bereit, ihr Verhalten zu hinterfragen und gegebenenfalls zu verändern.
Die Erzieherpraktikantinnen verstehen es zunehmend sich schriftlich und mündlich differenziert und fachkompetent auszudrücken und sind in der Lage, Berichte, Protokolle und Mitteilungen zu schreiben.
Sie verschaffen sich einen Überblick über verschiedene Medien und wissen, dass Medienkonsum Einfluss auf Kinder und Jugendliche hat. Darauf aufbauend entwickeln sie einen bewussten Umgang mit dem Medienangebot sowohl im Hinblick auf den Einsatz in der sozialpädagogischen Praxis als auch im Hinblick auf die eigene Aus- und Weiterbildung.

Verbindliche Fachinhalte für das Fach PML

- **Verbale und nonverbale Kommunikation**
- **Unterschiedliche berufliche Gesprächssituationen**
- **Elementare Gesprächsregeln wie Aktives Zuhören, Feedback und Ich-Botschaften**
- **Konfliktverhalten und Lösungsstrategien**

Fachinhalt

Verbale und nonverbale Kommunikation

Die Beziehung zu und die Kommunikation mit jungen Menschen ist die Grundlage jeglicher pädagogischen Arbeit in sozialpädagogischen Einrichtungen. Nur wenn diese Basis zufriedenstellend gestaltet wird, können Erziehung und Bildung geschehen. Und darum ist es notwendig, den ständigen Prozess der Kommunikation zu hinterfragen und seine Kennzeichen genau zu betrachten. Die kurze Definition wichtiger Begriffe zum Thema Kommunikation dient dabei als Einführung:

Definition wichtiger Begriffe

Soziale Interaktion

Das aufeinander bezogene Verhalten zwischen Menschen, die wechselseitig aufeinander reagieren, sich gegenseitig beeinflussen und steuern.

Soziale Kommunikation

Der Austausch, die Vermittlung und Aufnahme von Informationen zwischen Menschen.

Kommunikation

Der Austausch von Informationen.

Kanäle der Kommunikation

Verbal (Sprache) und nonverbal (Gestik, Mimik, Blickkontakt, Körperhaltung, Stimmgebrauch)

Einfaches Kommunikationsmodell

Sender kodiert eine Nachricht / Botschaft; Empfänger dekodiert diese Nachricht / Botschaft.

Kommunikationsmodell nach Schulz von Thun (4/1)

Jede Nachricht bzw. Botschaft hat vier Seiten bzw. Aspekte:

- Sachinhalt: Worüber ich informiere.
- Selbstoffenbarung: Was ich von mir selbst kundgebe.
- Beziehungsaspekt: Was ich von dem anderen halte, wie wir zueinander stehen.
- Appell: Wozu ich den anderen veranlassen möchte.

Kommunikationsaussage von Paul Watzlawick (4/2)

Jede Kommunikation geschieht auf mindestens zwei Ebenen, der Beziehungsebene und der Sachebene. Seine bekannteste Aussage:
„Man kann nicht nicht kommunizieren."

Nachdenken über Kommunikation

Ein persisches Märchen:
Der Traum und sein Sinn

Ein orientalischer König hatte einen beängstigenden Traum. Er träumte, dass ihm alle Zähne, einer nach dem anderen, ausfielen. Beunruhigt rief er seinen Traumdeuter herbei. Dieser hörte sich den Traum sorgenvoll an und eröffnete dem König: „Ich muss dir eine traurige Mitteilung machen. Du wirst genau wie die Zähne alle Angehörigen, einen nach dem anderen, verlieren." Die Deutung erregte den Zorn des Königs. Er ließ den Traumdeuter in den Kerker werfen.

Dann ließ er einen anderen Traumdeuter kommen. Der hörte sich den Traum an und sagte: „Ich bin glücklich, dir eine freudige Mitteilung machen zu können. Du wirst älter werden als alle deine Angehörigen, du wirst sie alle überleben." Der König war erfreut und belohnte ihn reich. Die Höflinge wunderten sich sehr darüber. „Du hast doch eigentlich nichts anderes gesagt als dein armer Vorgänger. Aber wieso traf ihn die Strafe, während du belohnt wurdest?" fragten sie. Der Traumdeuter antwortete: „Wir haben beide den Traum gleich gedeutet. Aber es kommt nicht nur darauf an, was man sagt, sondern auch, wie man es sagt."

aus Monika Bröder (4/3)

Nonverbale Kommunikation

Die Sprache unterscheidet den Menschen von allen anderen Lebewesen, deshalb ist sie für die Kommunikation von entscheidender Bedeutung; dennoch ist oftmals auch die nonverbale Kommunikation bestimmend.

- Kommunikation geschieht sowohl durch Worte als auch ohne Sprache.
- Körpersprache ist die älteste Form der Kommunikation.
- Sprache hat sich entwickelt, weil Körpersprache nicht eindeutig ist.
- Körpersprachliche Signale werden in der Regel unbewusst gesendet; sie sind insbesondere 'Transportmittel' für Gefühle.

Soll Kommunikation gut funktionieren, müssen verbale und nonverbale Kommunikation übereinstimmen.
Eine Nachricht heißt kongruent, wenn alle Signale in die gleiche Richtung weisen, wenn sie stimmig sind. Als inkongruent wird eine Nachricht bezeichnet, wenn verbale und nichtverbale Aussagen nicht zueinander passen.

Zur nonverbalen Kommunikation werden nach Martine F. Delfos (4/4) gerechnet:

- die Gestik (Körperbewegungen),
- die Mimik (Gesichtsausdruck),
- die Körperhaltung (Zuwendung / Abwendung, Anspannung / Entspannung),
- der Blickkontakt (Zuwendung / Abwendung, Augenhöhe / nicht Augenhöhe),
- der Stimmgebrauch mit den Aspekten Betonung (Intonation), Lautstärke, Artikulation, Sprechtempo, Sprechrhythmus / Sprachmelodie, Atmung und Gebrauch von Füllwörtern.

Die 1 : 1 Formel der Körpersprache

Wenn wie eben von der – die verbale Kommunikation begleitenden – Körpersprache die Rede ist, muss eine Besonderheit in der Körpersprache von Kindern bedacht werden.
Die Körpersprache von Kindern ist anders als die von Erwachsenen. Sie ist einfach und elementar. Kinder brauchen weder einen komplizierten Wortschatz noch eine differenzierte und eingeübte körpersprachliche Ausdrucksweise, um ihre alltäglichen Bedürfnisse auszudrücken.

Nach Samy Molcho (4/5) folgt das Kind in der Regel nur fünf Grundverhaltensformen:

- Angriff = nach vorne rennen, attackieren
- Flucht = wegrennen
- Angst = verstecken
- Unsicherheit = Hilfe suchen
- Anpassung = sich unterordnen, einordnen

Die Umsetzung erfolgt 1:1; das heißt, wollen Kinder etwas nicht, rennen sie weg, fühlen sie sich bedroht, verstecken sie sich.

Erst im Alter von etwa 10 Jahren sind Kinder so weit, dass sie durch das Kennenlernen und die Anerkennung sozialer Spielregeln und gesellschaftlicher Rituale zu jener komplizierten Körpersprache gelangen, die Erwachsenen zu eigen ist und die ihren Ursprung in eingeübten Hemmungen hat.

Ein Kind, dem das Essen nicht schmeckt, wird sein Missfallen laut äußern, vielleicht den Teller wegschieben, aufstehen und weggehen. Ist ein Erwachsener zum Essen eingeladen und ihm schmeckt z.B. die Suppe nicht, sucht sein Körper nach einem Ersatzausdruck. Vielleicht hebt er immer wieder seinen Fuß und wird unruhig, unter Umständen entstehen Verkrampfungen. Aber vermutlich wird er sagen: Die Suppe schmeckt gut oder die Suppe hat eine ganz besondere Raffinesse.

Die Hemmung, die ursprüngliche Empfindung 1:1 zum Ausdruck zu bringen, zwingt den Erwachsenen, andere Interpretationen für die gleiche Aussage zu finden. Auf diese Kompensationsfunktion sind junge Kinder noch nicht angewiesen, da sie die 1:1 Umsetzung vollziehen.

Fachinhalt

Unterschiedliche berufliche Gesprächssituationen

Bereits in der Zielformulierung zu diesem Lernfeld wird die universale Bedeutung der Kommunikation in pädagogischen Berufen hervorgehoben. In einem weiteren Schritt ist zu klären, welche kommunikativen Einzelaspekte nun die Kommunikationskompetenz einer Kinderpflegerin oder Erzieherin ausmachen.

Kommunikationsfähigkeit

Kommunikationsfähigkeit meint

die Bereitschaft und das Vermögen des
einzelnen Menschen
bewusst und
selbstkongruent (übereinstimmend,
'stimmig', authentisch)
zu kommunizieren,
indem er sich anderen
möglichst klar und deutlich mitteilt,
anderen bewusst zuhört,
Wesentliches von Unwesentlichem
zu unterscheiden weiß,
auf die Bedürfnisse anderer eingeht
und auf nonverbale Signale achtet.

Kommunikative Grundfähigkeiten in pädagogischen Berufen

Die pädagogische Fachkraft ist in der Lage
- Kontakt aufzunehmen
- sich der Situation angemessen auszudrücken
- sich fachlich auszudrücken
- eigene Wünsche und Bedürfnisse zu äußern
- sagen zu können, was ihr nicht passt
- durch Argumente eine Sache zu vertreten
- sich zu beschweren, Widerstand zu leisten
- Störungen in der Kommunikation zu erkennen
- die Inhalts- und die Beziehungsebene zu unterscheiden
- nonverbale Signale zu erkennen und zu deuten
- konstruktives Feedback zu geben und zu nehmen
- sich in andere hineinzuversetzen, Botschaften zu entschlüsseln
- sich Zeit zu nehmen und zuzuhören.

Außerdem sind Kinderpflegerin und Erzieherin bereit, ihr eigenes Kommunikationsverhalten zu reflektieren und an Verbesserungen zu arbeiten.

Grundhaltungen in der Kommunikation

Zu einer positiven Kommunikation im pädagogischen Bereich sind nach dem Psychotherapeuten Carl Rogers (4/6) außerdem drei Grundhaltungen erforderlich:

- Einfühlendes Verständnis oder Empathie (sich in den Gesprächspartner hineinversetzen und seine Erlebniswelt verstehen) erzeugen ein Bewusstsein des Verstandenwerdens.
- Echtheit und Kongruenz (aufrichtig, ungezwungen, in Übereinstimmung mit sich selbst) fördern beim Gesprächspartner die Bereitschaft, Gedanken und Gefühle offen zu legen.
- Positive Wertschätzung und Wärme vermitteln Sicherheit, bestimmen so die Atmosphäre, das Klima und fördern Selbstachtung und Selbstvertrauen.

Gespräche mit Kindern

Das Gespräch als Methode der Kommunikation begleitet nach Monika Bröder (4/3) und Martine F. Delfos (4/4) das gesamte pädagogische Handeln. Es hat einen nachhaltigen Einfluss auf Gefühle, Selbst- und Fremdwahrnehmung, auf Erfahrungen und Erkenntnisse.
Durch eine einfühlende Gesprächsführung hilft der Erwachsene dem Kind, sich selbst besser zu verstehen und anderen Menschen mitzuteilen, was es will und was es braucht. Es erfährt auch, was die anderen wünschen und worauf es Rücksicht nehmen muss. Es findet im Erwachsenen ein Vorbild, welches ihm ermöglicht, eigenständig neue Erfahrungen mit Menschen und Dingen seiner Umgebung zu machen. Auch entwickeln Kinder und Erwachsene im Gespräch die Regeln, nach denen sie miteinander leben und Konflikte lösen.

Grundsätze einer positiven Gesprächsführung mit Kindern

- Respektvolle Haltung gegenüber dem Kind als Gesprächspartner
- Übereinstimmung der Worte mit den nonverbalen Signalen
- Gespräch förderndes Zuhören
- Kindgerechtes Feedback durch Ich-Botschaften
- Gesprächsregeln und Sprachvorbildfunktion beachten
  - Augenhöhe des Kindes einnehmen (partnerschaftlicher Blickkontakt)
  - Gesprächsregeln mit dem Kind vereinbaren
  - Gesprächsziele verdeutlichen
  - offene Fragen, die zum Nachdenken anregen, statt geschlossener Fragen stellen
  - Kinder zum Erzählen ermutigen
  - Wortwahl und Sprachniveau dem Kind anpassen, keine Babysprache verwenden
  - deutlich und langsam sprechen
  - Sprachmodulation beachten
  - fehlerhaft gesprochene Worte unauffällig in richtiger Form wiederholen
  - Gesprächsende rechtzeitig ankündigen

Wegweiser zum Sprechen

Ein so genannter Wegweiser zum Sprechen findet sich auch bei Katherine H. Read (4/7). Dort werden einige wichtige 'Anweisungen' für alltägliche Erziehungssituationen aufgeführt:

- Machen Sie Vorschläge oder geben Sie Anordnungen nur in positiver Form!
- Lassen Sie dem Kind nur dann die Wahl, wenn es wirklich selbstständig handeln darf!
- Nutzen Sie Ihre Stimme als Instrument!
- Verwenden Sie keine Methoden, die zu einem Verlust der Selbstachtung des Kindes führen könnten!
- Vermeiden Sie eine Motivation durch Wettstreit und Vergleiche mit Anderen!
- Die Gespräche mit Kindern sind dann am erfolgreichsten, wenn Sie auf deren derzeitige Motive und Interessen eingehen!
- Der Erfolg eines Vorschlages hängt weitgehend davon ab, ob er im richtigen Moment gemacht wurde!

Metakommunikation

Wesentlicher Bestandteil einer guten Kommunikation ist die Metakommunikation, also das Sprechen über ein Gespräch; es erscheint sinnvoll, sie zu einem festen Bestandteil auch schon in den Gesprächen mit Kindern werden zu lassen. Zur Metakommunikation gehört,

- das Gesprächsziel zu verdeutlichen,
- das Kind über die eigenen Absichten zu informieren,
- dem Kind zu zeigen, dass man Feedback braucht,
- das Kind wissen zu lassen, dass es schweigen darf,
- zu benennen zu versuchen, was man empfindet, und dem Gefühl Folge zu leisten,
- das Kind dazu einzuladen, seine Meinung über das Gespräch zu äußern.

Fachinhalt

Elementare Gesprächsregeln wie Aktives Zuhören, Feedback und Ich-Botschaften

Neben einer wertschätzenden und offenen Grundhaltung erfordert Kommunikation bestimmte Gesprächsregeln, die bei Einhaltung von allen Beteiligten dazu beitragen, dass die Kommunikation als wirklicher Austausch, als gemeinsamer weiterführender Prozess erlebt wird. Einige der wichtigsten Gesprächsregeln werden nachfolgend vorgestellt.

Aktives Zuhören

Aktives Zuhören bedeutet nach Monika Bröder (4/3) dass ein Gesprächspartner sich ganz auf die Empfindungen und Gefühle des Gegenübers konzentriert, sie heraushört und versprachlicht. Er geht dabei auf die so genannte Selbstoffenbarungsseite der Nachricht ein und versucht damit, sein Gegenüber auf dieser Ebene wirklich zu verstehen. Das heißt, nicht die Inhaltsebene (Sachebene) der Nachricht wird in der Erwiderung aufgenommen, sondern nur das Gefühl, das der Aussage zu Grunde liegt. Aktives Zuhören eignet sich sehr gut als Einstieg in ein Gespräch, ihm wird eine 'Türöffnerfunktion' zugeschrieben.

Aktives Zuhören zeigt in der Regel folgende Wirkungen:

- Es erzeugt beim Partner das Gefühl, verstanden zu werden.
- Es hilft dem Partner, sein Problem selbst besser zu verstehen.
- Es hilft, ein Problem näher einzugrenzen, zum Kern zu kommen.
- Es hilft dem Partner, die eigenen Gefühle besser zu verstehen und anzunehmen.
- Es hilft – bei Fehlinterpretation der Selbstoffenbarung – Missverständnisse aus dem Weg zu räumen.
- Es fördert eine positive Beziehung zwischen den Gesprächspartnern.

Aktives Zuhören ist Ausdruck einer respektvollen, akzeptierenden Haltung anderen Menschen gegenüber.

Zuhören können

...was die kleine Momo konnte wie kein
anderer, das war Zuhören.
Momo konnte so zuhören, dass dumme Leute
plötzlich auf sehr gescheite Gedanken kamen.
Nicht etwa, weil sie etwas sagte oder fragte,
was den anderen auf solche Gedanken brachte,
nein, sie saß nur da und hörte einfach zu,
mit aller Aufmerksamkeit und Anteilnahme.
Sie konnte so zuhören, dass ratlose und
unentschlossene Leute auf einmal ganz
genau wussten, was sie wollten.
Oder dass Schüchterne sich plötzlich frei
und mutig fühlten.
Oder dass Unglückliche und Bedrückte
zuversichtlich und froh wurden.
Und wenn jemand meinte, sein Leben sei
ganz verfehlt und bedeutungslos und
er selbst nur irgendeiner unter Millionen ,
einer auf den es überhaupt nicht ankommt
und der ebenso schnell ersetzt werden kann
wie ein kaputter Topf - und er ging hin und
erzählte das alles der kleinen Momo,
dann wurde ihm, noch während er redete,
auf geheimnisvolle Weise klar, dass er sich
gründlich irrte, dass es ihn, genauso wie er
war, unter allen Menschen nur ein einziges
Mal gab und dass er deshalb auf seine
besondere Weise für die Welt wichtig war.

So konnte Momo zuhören.

Michael Ende (4/8)

Ich-Botschaften

Als Ich-Botschaft bezeichnet man Äußerungen, die persönliche Empfindungen, Gefühle, Bedürfnisse und Wünsche ausdrücken. Der Sprecher teilt dem Zuhörer durch die Ich-Botschaft mit, was er denkt und fühlt und welche Wirkung das Verhalten des Gesprächspartners bei ihm auslöst.
Auf diese Weise erfährt der Hörer der Botschaft, welches Verhalten dem Sprecher gefällt, und zwar ohne sich bewertet zu fühlen. Er lernt, sein eigenes Verhalten aus einer anderen Perspektive zu sehen, aber selbst die Verantwortung dafür zu übernehmen und es zu beurteilen.
Wenn der Sprecher dem Hörer ein positives Gefühl mitteilt, wird dieser sich freuen; er erfährt indirekt ein Lob, ohne jedoch direkt bewertet zu werden und dadurch in Abhängigkeit zu geraten.
Teilt der Sprecher dem Hörer hingegen in Form einer Ich-Botschaft mit, was ihn stört und welche negativen Gefühle bei ihm ausgelöst wurden, wird (im Gegensatz zu einer direkt geäußerten Kritik als Du-Botschaft) Kränkung und Abwertung des anderen vermieden. Es besteht weiterhin die Chance, dass der Empfänger der Botschaft offen und bereit für weitere Rückmeldungen ist und sich bereit zeigt, über sein Verhalten nachzudenken. Du-Botschaften hingegen provozieren in der Regel eine Abwehrhaltung und blocken jede weitere konstruktive Auseinandersetzung ab.

Die eben beschriebene Form der Ich-Botschaft ist nicht zu verwechseln mit der Kommunikationsregel 'Ich statt man' aus der Themenzentrierten Interaktion (TZI) nach Ruth Cohn (4/9). Hierbei geht es darum, durch die Formulierung von Aussagen mit 'Ich' (statt 'man', 'es' oder 'wir') die Verantwortung für diese Aussage zu übernehmen und möglichen Auseinandersetzungen nicht auszuweichen.

Weitere Kommunikationsregeln in Gruppen

(auf der Basis der so genannten TZI-Regeln)

- Ich spreche konkrete Situationen an.
- Ich bleibe sachlich beim Thema.
- Ich vermeide persönliche Verletzungen.
- Störungen haben Vorrang.
- Ich vermeide Verallgemeinerungen und Klischees.
- Ich vermeide Seitengespräche.
- Ich entscheide, was ich sage und was ich nicht sage.

Feedback

Feedback bedeutet, von jemandem zu erfahren, welche Wirkung die eigene Person und das eigene Verhalten auf ihn hat. Feedback gibt also wichtige Hinweise darauf, wie das, was wir sagen oder tun, auf andere wirkt und wie sie dazu stehen. Einige Grundsätze des Feedbacks:

- Feedback ist ein Angebot und sollte auch immer so formuliert sein.
- Feedback kommt aus einem von verschiedenen Blickwinkeln und erhebt keinen Anspruch, objektiv zu sein.
- Feedback zeigt Möglichkeiten auf, stellt keine Tatsachen dar.
- Feedback eröffnet die Chance, etwas anders zu machen, zu verändern.

Hinweise zum Geben und Annehmen von Feedback:

Feedback geben	**Feedback annehmen**
Ich benenne ganz konkret, was ich gesehen oder gehört habe.	Ich höre dem anderen oder der Runde zu und lasse jeden ausreden.
Ich ziele mit dem Feedback auf veränderbares Verhalten.	Ich versuche, alle Miteilungen positiv entgegen zu nehmen und frage nur nach, wenn ich etwas nicht verstanden habe.
Ich verhalte mich bewusst subjektiv, also beziehe ich meine Deutungen, Vermutungen und Empfindungen ausdrücklich auf meine Person.	Ich wiederhole am Schluss der Runde, was ich verstanden habe und teile evtl. meine Reaktion auf das Feedback mit.
Ich versuche, mein Feedback ausgewogen zu gestalten (sowohl positive als auch negative Mitteilungen) und beschränke mich auf die mir wichtigsten Aspekte.	Das Feedback verpflichtet mich nicht, etwas zu verändern. Ich entscheide, was ich mit dem Feedback mache.

Fachinhalt

Konfliktverhalten und Lösungsstrategien

„Unter Konfliktverhalten verstehen wir das Aufeinanderstoßen von Interessensgegensätzen, das von den Beteiligten – zumindest von einer Person als Störung empfunden wird, die den Wunsch hervorruft, sie zu beseitigen. Wir gehen davon aus, dass Konflikte als integraler Bestandteil zur Begegnung und Kommunikation mit anderen Menschen dazugehören."
(Gisela Dittrich, Mechthild Dörfler, Kornelia Schneider (4/10).

Wirkungen von und Umgang mit Konflikten

Konflikte haben nicht automatisch nur schlechte Seiten, sie können, nach Ludger Pesch und Verena Sommerfeld (4/11) einer Gruppe auch in ihrem gemeinsamen Bemühen weiterhelfen. Wichtig ist dabei allerdings, welche Grundhaltung zwischen den einzelnen Gruppenmitgliedern besteht und wie mit diesen Konflikten umgegangen wird.

Mögliche positive Wirkungen von Konflikten:	Mögliche negative Wirkungen von Konflikten:
• bilden die Voraussetzung für Veränderungen	• verhindern, dass sich Neues entwickelt, und bringen Stress
• mobilisieren Kräfte	• stabilisieren Machtverhältnisse
• erhöhen die Leistung	• verwirren die Mitarbeiter
• erhöhen den Gruppenzusammenhalt	• schwächen den Zusammenhalt
• schaffen persönliche Profile	• schaffen Feindbilder und vergeuden Ressourcen
• fördern eine genauere Selbstwahrnehmung	• führen zu Resignation und Stillstand

Es gibt in der Regel drei Arten, einen Konflikt zu lösen oder zu beseitigen:

Macht entscheidet

Hier wird eine Lösung vom Mächtigeren gefordert oder erzwungen. Macht hat der, der über einen entsprechenden Status oder über so genannte Machtmittel (Beziehungen, Geld oder Gewalt) verfügt.

Recht entscheidet

Diese Art setzt voraus, dass es eine entsprechende 'Rechtsgrundlage' gibt, z.B. Vereinbarungen, Beschlüsse oder Anweisungen. Allerdings bedeutet Recht haben noch nicht sofort Recht bekommen.

Interessen entscheiden

Dies ist die befriedigendste aber auch anspruchsvollste Form der Konfliktlösung, denn hierbei sind die Konfliktpartner selbst gefordert (evtl. mit Hilfe von außen), eine Lösung oder einen Konsens zu suchen und zu finden.

Sechs Schritte der Konfliktlösung

Die zuletzt beschriebene Art der Konfliktlösung, bei der die Interessen der Konfliktpartner gegeneinander abgewogen werden und eine gemeinsame Lösung gesucht wird, nennt Thomas Gordon (4/12) die 'niederlagelose Methode'.

Er schlägt für die Umsetzung sechs Schritte vor:

1. Schritt Den Konflikt identifizieren und definieren.
(Konflikt von allen Beteiligten beschreiben lassen, klar benennen und von anderen Problemen abgrenzen)

2. Schritt Mögliche Alternativlösungen entwickeln.
(wichtig ist eine Vielzahl von Lösungen, keine Bewertung vornehmen, keine Präferenzen erkennen lassen, Alternativen evtl. aufschreiben)

3. Schritt Die Alternativlösungen kritisch bewerten.
(Streichen der unannehmbaren Lösungen, Begründungen für die favorisierten Lösungen erkennen und benennen)

4. Schritt Sich für die beste annehmbare Lösung entscheiden.
(die aus der vorhergehenden Diskussion als beste hervorgegangene Lösung so genau wie möglich beschreiben, als gemeinsamen Versuch einer Lösung deklarieren und auf eine Widerrufbarkeit hinweisen)

5. Schritt Wege zur Ausführung der Lösung erarbeiten.
(nach der Entscheidung sind Vereinbarungen zu möglichst wenigen konkreten Bewältigungsschritten notwendig, genaue Festlegung, wer wofür und bis wann verantwortlich ist und wie dies kontrolliert wird)

6. Schritt Die Lösung und ihre Folgen später überprüfen.
(zu einem festgelegten späteren Zeitpunkt beurteilen, ob die Lösung noch stimmig ist und alle Beteiligten noch mit der Entscheidung einverstanden sind)

Fachbegriffe im Lernfeld 4

Kommunikation

Im weitesten Sinne wird mit diesem Begriff der Austausch von Informationen bezeichnet und zwar sowohl die Übermittlung als auch die Aufnahme dieser Informationen.

Kommunikationsmodelle

Schematische Darstellungen von Kommunikation und deren Erläuterungen bezeichnet man als Kommunikationsmodelle. Je nach Autor werden dabei unterschiedliche Schwerpunkte gesetzt.

Verbale Kommunikation

Wie der Begriff aussagt, wird darunter die Übermittlung der Informationen mittels Sprache verstanden.

Nonverbale Kommunikation

Als solche werden alle zwischenmenschlichen Signale bezeichnet, die nicht sprachlich sind. Im einzelnen zählen dazu die Gestik, die Mimik, die Körperhaltung, der Blickkontakt und der Stimmgebrauch.

Körpersprache

Körpersprache werden alle Mitteilungen genannt, die mittels Mimik, Gestik und Körperhaltung gesendet werden. Sie sind nicht unbedingt eindeutig, werden in der Regel unbewusst gesendet und gelten insbesondere als 'Transportmittel' für Gefühle.
Die 1:1 Formel sagt aus, dass Kinder bis zu einem Alter von ca. zehn Jahren ihre Bedürfnisse und Gefühle noch direkt und unverzögert in körpersprachliche Signale umsetzen.

Grundhaltungen einer positiven Kommunikation

Nach Carl Rogers sind für eine positive Kommunikation im pädagogischen Bereich drei Grundhaltungen erforderlich:
- Einfühlungsvermögen und Empathie
- Echtheit und Kongruenz
- Wertschätzung und Wärme

Empathie

Empathie, auch einfühlendes Verständnis genannt, bezeichnet die Fähigkeit, sich in einen anderen Menschen, seine Situation und seine Gefühlswelt hinein zu versetzen.

Kongruenz

Kongruenz kommt aus dem Lateinischen, bedeutet Übereinstimmung und meint im Zusammenhang mit Kommunikation die Stimmigkeit von verbalen und nonverbalen Aussagen.

Metakommunikation

Unter Metakommunikation (griechischer Ursprung) wird die Kommunikation über die Kommunikation verstanden; das heißt, alle Gesprächsanteile, die das Gespräch selbst thematisieren, werden so bezeichnet.

Aktives Zuhören

Aktives Zuhören bedeutet, dass ein Gesprächspartner sich ganz auf die Empfindungen und Gefühle des Gegenübers konzentriert, sie heraushört und versprachlicht. Er geht dabei auf die Selbstoffenbarungsseite der Nachricht ein.

Ich-Botschaft

Als Ich-Botschaft bezeichnet man Äußerungen, die persönliche Empfindungen, Gefühle, Bedürfnisse und Wünsche ausdrücken. Der Sprecher teilt dem Zuhörer durch die Ich-Botschaft mit, was er denkt und fühlt und welche Wirkung das Verhalten des Gesprächspartners auslöst.

Feedback

Feedback bedeutet, von jemandem zu erfahren, welche Wirkung die eigene Person und das eigene Verhalten auf ihn haben. Feedback gibt also wichtige Hinweise darauf, wie das, was wir sagen oder tun, auf andere wirkt und wie diese dazu stehen.

Konflikt

Ein Konflikt ist das Aufeinanderstoßen von gegensätzlichen Interessen oder Einstellungen, das von zumindest einem der Beteiligten als Störung empfunden wird. Konflikte sind aber durch die Verschiedenartigkeit der Menschen ein Bestandteil in der Begegnung und Kommunikation mit Anderen.

Konfliktlösung

Nach Thomas Gordon gibt es eine 'niederlagelose Methode' zur Lösung von Konflikten. Sie erfolgt in sechs Schritten

1. Den Konflikt identifizieren und definieren.
2. Mögliche Alternativlösungen entwickeln.
3. Die Alternativlösungen kritisch bewerten.
4. Sich für die beste annehmbare Lösung entscheiden.
5. Wege zur Ausführung der Lösung erarbeiten.
6. Die Lösung und ihre Folgen später überprüfen.

Literatur im Lernfeld 4

4/1 Schulz von Thun, Friedemann
Miteinander reden. Teil 1
Reinbek, 1989

4/2 Watzlawick, Paul
Menschliche Kommunikation. Formen, Störungen, Paradoxien
Bern, 2000

4/3 Bröder, Monika
Gesprächsführung im Kindergarten
Freiburg, 1993

4/4 Delfos, Martine F.
Sag mir mal... Gesprächsführung mit Kindern
Weinheim / Basel, 2004

4/5 Molcho, Samy
Körpersprache der Kinder
München, 1996

4/6 Roger, Carl
Die klientzentrierte Psychotherapie
Frankfurt a. M., 1987

4/7 Read, Katherine H.
Handbuch des Kindergartens
Ravensburg, 1975

4/8 Ende, Michael
Momo
Stuttgart, 1973

4/9 Cohn, Ruth C.
Von der Psychoanalyse zur themenzentrierten Interaktion
Stuttgart, 1975

4/10 Dittrich, Gisela / Dörfler, Mechthild / Schneider, Kornelia
Wenn Kinder in Konflikt geraten. Eine Beobachtungsstudie
in Kindertagesstätten.
Neuwied, 2001

4/11 Pesch, Ludger / Sommerfeld, Verena
Zank und Streit
in: klein & groß, 10 / 2000, Zeitschrift für Frühpädagogik

4/12 Gordon, Thomas
Familienkonferenz
München, 1989

Mit allen am Bildungsprozess Beteiligten zusammenarbeiten

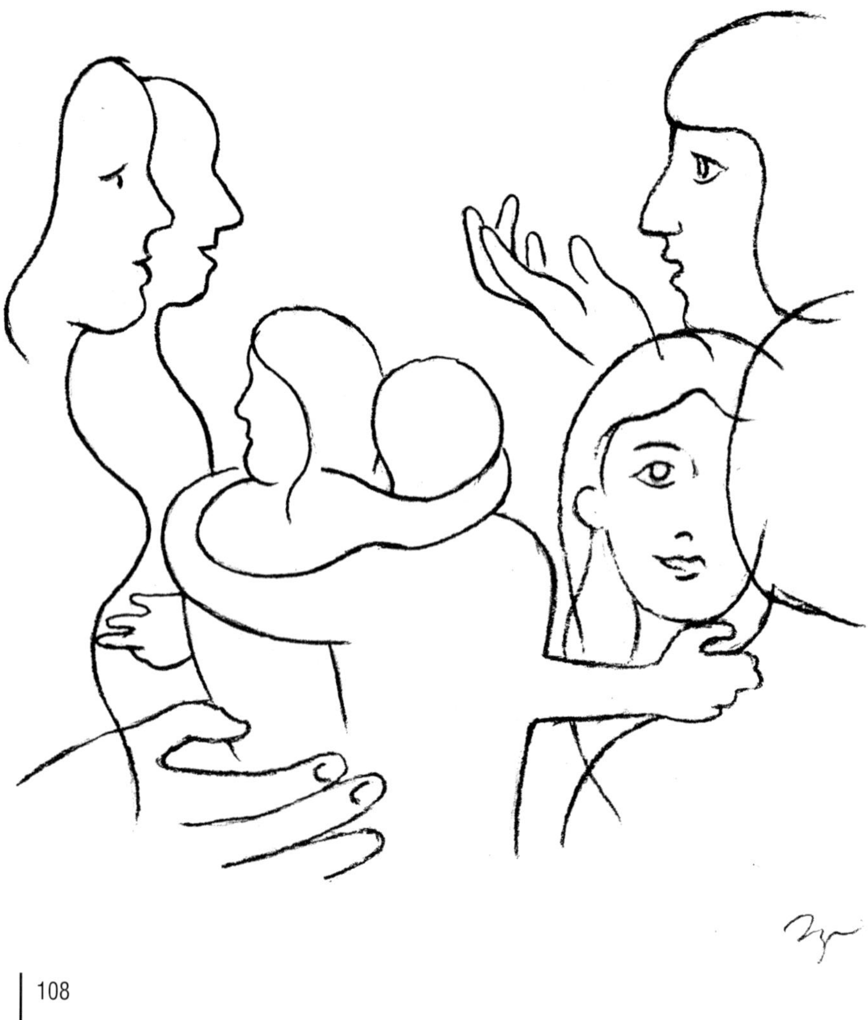

Zielformulierung

Die Erzieherpraktikantinnen sind bereit, mit allen am Bildungs- und Erziehungsprozess beteiligten Personen Beziehungen aufzubauen und zu pflegen. Hierbei sehen sie sich als Teil eines dynamischen Systems mit wechselseitigen Einflüssen.
Sie erkennen ihre Stellung im Team ebenso wie die Rahmenbedingungen, die die Institution setzt, verstehen die pädagogische Konzeption der Einrichtung und wissen um ihre Pflichten und Handlungsspielräume. Als Teammitglied erfahren sie Grenzsetzungen, Kritik und Konflikte als wesentliche Elemente der Zusammenarbeit und entwickeln die Fähigkeit, sich damit konstruktiv und professionell auseinander zu setzen. Auf diese Weise erwerben sie Kenntnisse über die Regeln und Bedingungen einer von Vertrauen und Verlässlichkeit geprägten Zusammenarbeit und entwickeln die Grundlagen für ihr berufliches Rollenverhalten.
Die Erzieherpraktikantinnen erkennen die Notwendigkeit der Zusammenarbeit zum Wohl der Kinder und Jugendlichen. Sie sind offen für die Kooperation mit verschiedenen Institutionen und kennen Hilfseinrichtungen, Fachdienste und andere sozialpädagogische Einrichtungen

Verbindliche Fachinhalte für das Fach PML

- **Die Entwicklung in Gruppen**
- **Die Rolle der Erzieherpraktikantin in der Praxis**
- **Aufbau und Pflege von Arbeitsbeziehungen**
- **Teamarbeit und Wege zur Teamfähigkeit**
- **Persönliche Stärken in der Zusammenarbeit**
- **Umfeld und Kooperationspartner unterschiedlicher Praxisstellen**

Fachinhalt

Die Entwicklung in Gruppen

In der Regel bedeutet die Arbeit in sozialpädagogischen Einrichtungen Arbeit in Gruppen und Arbeit mit Gruppen. Von daher sind Grund legende Kenntnisse über die Entwicklung in Gruppen und über Prinzipien der Gruppenpädagogik für jede Kinderpflegerin oder Erzieherin unerlässlich.

Prinzipien der Gruppenpädagogik

„Mit dem Begriff Gruppenpädagogik soll ausgedrückt werden, dass es sich hier um eine bewusst pädagogisch ausgerichtete Arbeit in und mit Gruppen handelt, die auf bestimmten Grundsätzen beruht und sich bestimmter Arbeitsweisen bedient." (Magda Kelber (5/1))

Gruppenpädagogik ist also eine Methode, die gezielt die kleine überschaubare Gruppe als Mittel der Erziehung einsetzt. Die erzieherische Tätigkeit beruht auf einer Beobachtung des Gruppenprozesses und dessen bewusster Beeinflussung im Sinne einer partnerschaftlichen Erziehung.
Folgende Prinzipien prägen nach Magda Kelber diese Arbeit:

Individualisieren

- Die Verhaltensweisen in der Gesamtgruppe werden beobachtet, aber auch die einzelnen Gruppenmitglieder erfahren Beachtung. Im pädagogischen Handeln werden die Beobachtungen der Einzelnen und der Gruppe berücksichtigt.

Mit den Stärken arbeiten

- Die Beobachtung bezieht sich auch darauf, herauszufinden, wo die Stärken der Einzelnen liegen. Diese Stärken und besonderen Fähigkeiten werden betont, verstärkt und in der gemeinsamen Aufgabe der Gruppe eingesetzt.

Anfangen, wo die Gruppe steht

- Bei der Bewältigung der gemeinsamen Gruppenaufgabe ist dort anzusetzen, wo bei allen Gruppenmitgliedern die Grundlagen vorhanden sind; die Missachtung dieses Prinzips würde eine Zersplitterung der Gruppe nach sich ziehen, weil die gemeinsame Weiterarbeit nicht möglich wäre.

Sich mit der Gruppe in Bewegung setzen

- Die Forderung nach dem gemeinsamen Beginnen setzt sich fort in diesem Prinzip. Schritt für Schritt vorzugehen, und zwar in einem Tempo, das alle mithalten können, ermöglicht die Bewältigung der gemeinsamen Aufgabe.

Raum für Entscheidungen geben

- Nicht das Arbeiten nach externen Entscheidungen sondern der Prozess der Entscheidungsfindung in der Gruppe kennzeichnet die Gruppenpädagogik. Hier kann gelernt und trainiert werden, wie man zu gemeinsamen Entscheidungen kommt.

Notwendige Grenzen positiv nutzen

- Die Bedeutung von Grenzen wird da erkannt, wo diese für die Gruppe und ihre Vorhaben notwendig sind. Ihre Anerkennung ist ein Schritt auf dem Weg zur gemeinsamen Festlegung bestimmter Regeln.

Zusammenarbeit mehr pflegen als Einzelwettbewerb

- Wettbewerb als Mittel der Motivation oder des Ansporns sollte niemals innerhalb der Gruppe eingesetzt werden, weil dadurch der Zusammenhalt verringert wird (Konkurrenzverhalten). Um den Zusammenhalt zu stärken und auch schwächeren Gruppenmitgliedern Erfolgserlebnisse zu vermitteln, empfiehlt sich eher die Form des Gruppenwettbewerbs.

Sich überflüssig machen

- Das durch diese Prinzipien beschriebene Erziehungskonzept befähigt die Gruppe immer mehr zu einer selbstständigen Existenz. Und so verändert sich die Rolle des Leiters langsam in eine Beraterrolle.

Gruppendynamik und Gruppenphasen

Der Begriff Gruppendynamik bezeichnet alle dynamischen Handlungsabläufe zwischen den Gruppenmitgliedern, die sich in der Regel nach einem immer wieder ähnlichen Muster entwickeln. Gleichzeitig wird der Begriff allerdings für die wissenschaftliche Erforschung dieses Geschehens verwandt, die sich auch mit der Praxis der Beeinflussung solcher Prozesse befasst.

Nach dem Phasenmodell von Saul Bernstein / Louis Lowy (5/2) kann die Entwicklung in einer Gruppe in fünf Phasen eingeteilt werden:

1. Phase: Anfangs- oder Orientierungsphase
2. Phase: Strukturierungs- oder Positionskampfphase
3. Phase: Vertrautheits- oder Intimitätsphase
4. Phase: Differenzierungsphase
5. Phase: Ablösungs- und Abschlussphase

In der folgenden Tabelle sind diese Phasen dargestellt:
Die **linke Spalte** beschreibt, was zwischen den Gruppenmitgliedern und in der Gruppe während dieser einzelnen Phasen geschieht.
In der **rechten** Spalte ist aufgeführt, welche Aufgaben die Gruppenleiterin oder die Erzieherin in den verschiedenen Phasen primär wahrnehmen sollte.

1. Phase: Anfang und Orientierung	erster Kontakt mit den anderen Gruppenmitgliedern, aneinander Herantasten, konventionelle Umgangsformen, Unsicherheit, wenig Vertrauen, Ich-Denken herrscht vor, Suche nach geltenden Normen	Distanz zulassen, zu Vertrauen ermuntern, 'Erkundung' erleichtern, positive Erfahrungen ermöglichen, gute Programmplanung

Suche nach Platz im Gruppengefüge, instabile Beziehungen, Unruhe, Bemühen um Status, 'Kämpfe' um Rollen, Rivalitäten, Kritik am Gruppenleiter, Bildung von Subgruppen, Gefahr des Abspringens	Positionskämpfe zulassen, Suche nach Gemeinsamkeiten unterstützen, Hilfe bei der Klärung von Positionskämpfen, emotionale Sicherheit für die einzelnen Gruppenmitglieder vermitteln	**2. Phase: Positionskampf und Strukturierung**
Tendenz zum gegenseitigen Sich-Offenbaren, Wir-Gefühl, gefestigte Rollen, persönliches und zwischenmenschliches Engagement, gemeinsame Zielsetzungen, Außenkontakte werden als Störung erlebt	Unterstützen der Gruppenentwicklung, Hilfe bei Konfliktlösungen, Übertragung von Aufgaben und Verantwortung, sich 'entbehrlich' machen, Verzicht auf Vorgaben	**3. Phase: Vertrautheit und Intimität**
Zusammenhalt der Gruppe, gegenseitige Unterstützung, Toleranz gegenüber Schwächen, Rollen sind klar, wenig Machtprobleme, gute Kommunikation, Identifikation des Einzelnen mit der Gruppe	Selbsttätigkeit der Gruppe und der Einzelnen fördern, Gelegenheiten bieten, als Gruppe aufzutreten, Beziehungen zu anderen Gruppen anbahnen, Feedback geben	**4. Phase: Differenzierung**
Aufbegehren gegen die Trennung, Trennungsängste, 'Entwertung' der Gruppe, gemeinsame Erinnerung, Auswertung, Bilanz, Abwendung von der Gruppe, Suche nach neuen Beziehungen, Abschied nehmen	Jeden seinen Weg gehen lassen, Auswertung erleichtern, Erinnerung unterstützen, für angemessenen Abschluss sorgen, Abschiedsrituale anbieten, Wiederbegegnung ermöglichen	**5. Phase: Ablösung und Abschluss**

Fachinhalt

Die Rolle der Erzieherpraktikantin in der Praxis

In der Einführung zum Lehrplan für das Sozialpädagogische Seminar (5/3) findet sich eine Matrix, die verdeutlicht, wie Erzieherpraktikantinnen in die Arbeit der sozialpädagogischen Einrichtungen einbezogen sind und dementsprechend auf welchen Handlungsebenen sie tätig werden.

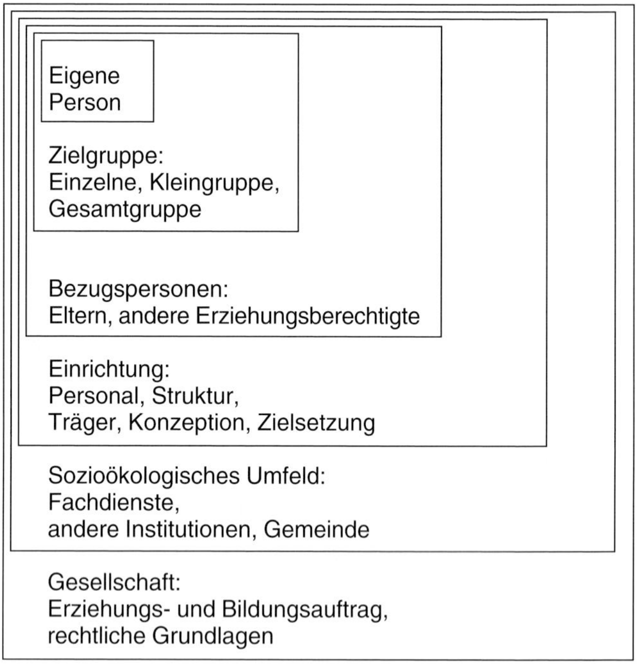

Ausgehend von diesen Handlungsebenen nehmen die Erzieherpraktikantinnen unterschiedliche Rollen – mit entsprechend unterschiedlichen Rollenerwartungen – ein.
Erzieherpraktikantinnen sind:

- Arbeitnehmerinnen
- Auszubildende
- Mitarbeiterinnen in der Gruppe
- Mitglieder im Team
- Gesprächspartner von Eltern und Kooperationspartnern
- Vertreterinnen der Einrichtung in der Öffentlichkeit

Aufbau und Pflege von Arbeitsbeziehungen

Fachinhalt

Für viele Teilnehmerinnen ist das Sozialpädagogische Seminar die Lebensphase, in der der Eintritt ins Arbeitsleben erfolgt. Die Konfrontation mit Arbeitsverträgen, Arbeitsrechten und Arbeitspflichten bringt für viele Erzieherpraktikantinnen völlig neue Erfahrungen mit sich und wirft manche Fragen auf.
Generell beschreibt der Begriff Arbeitsbeziehungen das von gegensätzlichen Interessen, aber auch von gegenseitiger Abhängigkeit geprägte Verhältnis zwischen Arbeitgeber und Arbeitnehmern und hat die Regelung von Arbeitsverhältnissen zum Inhalt. Auf diesen Aspekt wird hier nicht im Einzelnen eingegangen, da zum einen das Arbeitsverhältnis eingebettet ist in eine so genannte duale Ausbildung, das heißt in eine Ausbildung, die an zwei Orten stattfindet, nämlich in der Praxisstelle und in der Fachakademie. Andererseits ist die Arbeitgeberseite (Träger der sozialpädagogischen Einrichtung) so vielfältig, dass die Regelungen der Arbeitsverhältnisse für die einzelnen Erzieherpraktikantinnen vor Ort, also in den Praxisstellen erläutert und besprochen werden. Wichtig sind dabei folgende Bereiche:

- Organisation der Einrichtung (Organigramm)
- Aufgabenbereich der Mitarbeiterin und Einsatz (Arbeits- oder Dienstpläne)
- Arbeitszeiten und Urlaubsregelungen
- Vertrag und Vergütung
- Regelungen zu Arbeits-, Gesundheits- und Jugendschutz
- Ausbildungsverpflichtung und Vertretungsrechte

Fachinhalt

Teamarbeit und Wege zur Teamfähigkeit

Ein Team ist eine Gruppe von Menschen mit einer gemeinsamen Aufgabe, in der alle von einer guten Zusammenarbeit abhängen. Jede einzelne Person in dieser Gruppe kann nur dann den größtmöglichen Erfolg – sowohl persönlich als auch bei der Bewältigung der Aufgabe – erzielen, wenn diese Zusammenarbeit gelingt.

Die Zusammenarbeit im Team

erfüllt zwei wesentliche Funktionen in der Arbeitswelt; zum einen wird dadurch die Zufriedenheit der Mitarbeiterinnen erhöht und zum anderen wird eine höhere Effektivität der Arbeit erreicht.

Die Arbeitszufriedenheit erhöht sich, weil

- eigene Probleme bezüglich der Aufgabe mit anderen erörtert werden können,
- besondere eigene Fähigkeiten eingebracht werden können und dadurch Bestärkung erlebt wird,
- nach gemeinsamer Entscheidung die Sicherheit bezüglich des Lösungsweges höher ist, und weil
- das Mitbestimmungsrecht in vielen Bereichen praktiziert wird.

Auf der anderen Seite erhöht sich die Effektivität der Arbeit weil

- die Bewältigung der Aufgaben und die Vorgehensweisen vereinheitlicht werden,
- die einzelnen Teilaufgaben aufeinander abgestimmt werden,
- die Gesamtaufgabe und die einzelnen Aufgabenstellungen für alle klarer und verständlicher werden,
- weil jeder Einzelne nach seinen besonderen Fähigkeiten und Stärken eingesetzt wird und weil durch die genannten Punkte
- viele Konflikte gar nicht erst entstehen.

Bei der Teamarbeit in sozialpädagogischen Einrichtungen werden die gleichen methodischen Schritte bewältigt, wie sie aus der erzieherischen Arbeit mit Kindern und Jugendlichen bekannt sind. So gibt es

- einen gemeinsamen Erfahrungsaustausch
- eine gemeinsame Analyse
- eine gemeinsame Planung und Vorbereitung
- eine gemeinsame Durchführung und
- eine gemeinsame Reflexion der vorgenommenen Arbeitsabläufe.

Teamfähigkeit

Damit die Zusammenarbeit im Team funktioniert, müssen die einzelnen Teammitglieder bestimmte Fähigkeiten und Einstellungen mitbringen oder im Rahmen der Teamentwicklung erlernen. Folgende Persönlichkeitsmerkmale ermöglichen eine gute Zusammenarbeit:

- Teamorientierung
- Kommunikationsfähigkeit
- Organisationsfähigkeit
- Flexibilität und Mobilität
- Emotionale Intelligenz
- Fähigkeit zur Selbstreflexion
- Motivation
- Durchsetzungsvermögen und Konfliktfähigkeit
- Kreativität
- Analytisches und logisches Denken

Konkret auf die Zusammenarbeit in sozialpädagogischen Einrichtungen bezogen, heißt das:

- Grundsätzliche Bejahung der Teamarbeit durch die einzelnen Teammitglieder
- Bereitschaft zum ständigen Informationsaustausch, zur Meinungsäußerung
- Bereitschaft, eigene Vorstellungen zur Diskussion zu stellen und auch zu überdenken
- Fachliche Kompetenz
- Anerkennung unterschiedlicher Fähigkeiten der Einzelnen und entsprechende Aufteilung der Aufgaben
- Bereitschaft zur verantwortlichen Übernahme von Teilaufgaben

- Vertrauen zueinander
- Aufgeschlossenheit für Ideen, Wert- und Zielvorstellungen der Anderen
- Übereinstimmung der Erziehenden bezüglich grundsätzlicher Erziehungsziele und Erziehungsmethoden
- Anerkennung beschlossener Strukturen
- Bereitschaft, zur Lösung von Konflikten beizutragen

Störfaktoren in der Teamarbeit

Weil in Teams unterschiedliche Persönlichkeiten zusammen arbeiten, dadurch unterschiedliche Vorstellungen und Meinungen aufeinander treffen und immer wieder unterschiedliche Rollen eingenommen werden, birgt die Teamarbeit auch häufig die Möglichkeit von Konflikten in sich. Störfaktoren können sein:

- Probleme in der Kommunikation und im Umgang miteinander
- Autoritätsprobleme
- Beziehungsprobleme
- Einseitige, vorschnelle Entscheidungen
- Zeit-, Leistungs- und Konkurrenzdruck
- Verschiedene Arbeitsstile
- Mangelnde Identität, mangelndes Gruppenbewusstsein
- Strukturelle Unsicherheiten
- Fehlende Konfliktbearbeitung

Supervision

Um Konflikte in Teams zu vermeiden, zu reflektieren und aufzuarbeiten, gibt es verschiedene Beratungsmöglichkeiten. Zwei davon sollen hier vorgestellt werden, die Supervision und die Kollegiale Beratung.
Unter Supervision versteht man die Begleitung von Einzelnen, Teams, Gruppen oder Organisationen bei der Reflexion und Verbesserung ihres beruflichen Handelns. Die Begleitung erfolgt durch einen Supervisor, also eine Person (mit entsprechender Ausbildung und Erfahrung), die von außerhalb kommt und aus dieser externen Position versucht, mit den Supervisions-Teilnehmern (Supervisanden) die derzeitige berufliche Situation oder ein angesprochenes Problem zu klären, zu verdeutlichen und aufzuarbeiten. Fokus ist je nach der Zielvereinbarung mit dem Auftraggeber (z.B. Träger,

Team, Leitung, Einzelperson) für die Supervision die Methodenkompetenz, die Rollenerwartung, die Fallsupervision oder die Zusammenarbeit im Team.

Kollegiale Beratung

Kollegiale Beratung ist nach Kim-Oliver Tietze (5/4) ein systematisches Beratungsgespräch, in dem Kolleginnen sich nach einer vorgegebenen Gesprächsstruktur wechselseitig zu beruflichen Fragen und Schlüsselthemen beraten und gemeinsam Lösungen entwickeln. Die Methode der Kollegialen Beratung ermöglicht, konkrete Probleme und Praxisfälle mit Hilfe der anderen Gruppenmitglieder systematisch zu reflektieren und Lösungsoptionen für den Berufsalltag zu entwickeln. Das Beratungsgespräch in der sich regelmäßig treffenden Gruppe (etwa 6 bis 9 Personen) folgt einer festen Abfolge von Phasen, in denen die Beteiligten verschiedene Aufgaben erfüllen.

In der folgenden Tabelle werden die Phasen, ihr Inhalt, die Ergebnisse und die Aufgaben der einzelnen Teilnehmer dargestellt:

Phase	Inhalt	Ergebnis	Aufgaben
Casting	Die Rollen werden besetzt: Moderator, Fallerzähler, Sekretär, Berater.	Fallerzähler und Moderator nehmen ihre Rollen ein.	Der Moderator wird gesucht, Teilnehmer benennen ihr Thema kurz, ein Fallerzähler wird ausgewählt.
Fallerzählung	Der Fallgeber gibt Informationen zu seinem Thema.	Alle Teilnehmer haben den Fall in groben Zügen verstanden.	Der Fallerzähler berichtet und wird dabei vom Moderator begleitet.
Schlüsselfrage	Eine Schlüsselfrage wird gesucht.	Alle Teilnehmer haben die Schlüsselfrage des Fallerzählers verstanden.	Der Fallerzähler formuliert eine Schlüsselfrage und wird dabei vom Moderator unterstützt.
Methodenauswahl	Für die Beratung wird eine geeignete Methode aus dem Methodenpool ausgewählt.	Die Methode zur Bearbeitung der Schlüsselfrage steht fest (z.B. brainstorming, actstorming, Fragestunde, Resonanzrunde, verkehrte Welt, gute Ratschläge).	Der Moderator leitet die Auswahl einer Methode an, der Fallerzähler und die übrigen Teilnehmer machen Vorschläge.
Beratung	Die Berater geben ihre Ideen und Vorschläge im Stil der ausgewählten Beratungsmethode.	Der Fallerzähler hat Ideen und Anregungen gemäß der Methode erhalten.	Die Berater formulieren ihre Beiträge passend zur Methode, der Moderator achtet auf die Zeit, ein Sekretär notiert die Beiträge mit.
Abschluss	Der Fallerzähler resümiert die Beiträge der Berater und nimmt abschließend Stellung.	Die Kollegiale Beratung ist abgeschlossen.	Der Fallerzähler berichtet, welche Anregungen für ihn wertvoll waren und bedankt sich abschließend.

Persönliche Stärken in der Zusammenarbeit

Fachinhalt

In den Ausführungen zur Bedeutung der Teamarbeit wurde bereits gesagt, dass dort besondere eigene Fähigkeiten eingebracht werden können und dass dadurch Bestärkung erlebt wird. Diese Tatsache ist für die Zufriedenheit im Beruf und für die berufliche Identifikation von großer Tragweite und sollte auch immer wieder Gesprächsthema im Team sein.
Ein einleuchtendes Beispiel für diesen Aspekt der Teamarbeit stellt das Märchen 'Die Bremer Stadtmusikanten' dar, in dem durch Einsatz der Fähigkeiten von Esel, Hund, Katze und Hahn ein gemeinsames Ziel erreicht wird und zudem jedem der Tiere die Bedeutung und der Wert des eigenen Seins bewusst wird.
Wichtig erscheint, sich der eigenen Stärken bewusst zu werden und zu sehen, wo diese Fähigkeiten das Team unterstützen und weiterbringen können. Konkret kann das allerdings nur jede Mitarbeiterin selbst oder mit ihrem Team herausfinden. Für den Prozess der Bewusstmachung aber kann das erwähnte Märchen, in dem die Thematik des eigenen Wertes aufgegriffen ist, eine Einführung darstellen:

Auszug aus dem Märchen
"Die Bremer Stadtmusikanten"

Also machten sie sich auf den Weg nach der Gegend, wo das Licht war, und sahen es bald heller schimmern, und es ward immer größer, bis sie vor ein hell erleuchtetes Räuberhaus kamen. Der Esel, als der Größte, näherte sich dem Fenster und schaute hinein.
"Was siehst du, Grauschimmel?" fragte der Hahn. "Was ich sehe?" antwortete der Esel, "einen gedeckten Tisch mit schönem Essen und Trinken, und Räuber sitzen daran und lassen's sich wohl sein."
"Das wäre was für uns", sprach der Hahn.
"Ja, ja, ach wären wir da" sagte der Esel.
Da ratschlagten die Tiere, wie sie es anfangen müßten, um die Räuber hinauszujagen, und fanden endlich ein Mittel.
Der Esel musste sich mit den Vorderfüßen auf das Fenster stellen, der Hund auf des Esels Rücken springen, die Katze auf den Hund klettern, und endlich flog der Hahn hinauf und setzte sich derKatze auf den Kopf. Wie das geschehen war, fingen sie auf ein Zeichen insgesamt an, ihre Musik zu machen: der Esel schrie, der Hund bellte, die Katze miaute, und der Hahn krähte; dann stürzten sie durch das Fenster in die Stube hinein, dass die Scheiben klirrten, Die Räuber fuhren bei dem entsetzlichen Geschrei in die Höhe, meinten nicht anders, als ein Gespenst käme herein, und flohen in größter Furcht in den Wald hinaus.
Nun setzten sich die vier Gesellen an den Tisch, nahmen mit dem vorlieb, was übriggeblieben war, und aßen, als wenn sie vier Wochen hungern sollten.

Brüder Grimm (5/5)

Umfeld und Kooperationspartner unterschiedlicher Praxisstellen

Fachinhalt

Da jede Praxisstelle eingebettet ist in ein Netz von Verbindungen zu anderen Personen oder Institutionen, steht auch jede dort tätige Mitarbeiterin mit diversen Partnern in einer beruflichen Verbindung. Von der Rolle und Funktion in der Einrichtung hängt ab, wer mit welchen Partnern kommuniziert und je nach Intensität der Vernetzung und nach Aufgabe und Funktion der Kooperationspartner gestalten sich diese Beziehungen sehr unterschiedlich. Die nachfolgende Grafik verdeutlicht, wie vielfältig die Beziehungen sozialpädagogischer Einrichtungen sein können.

Kooperationspartner

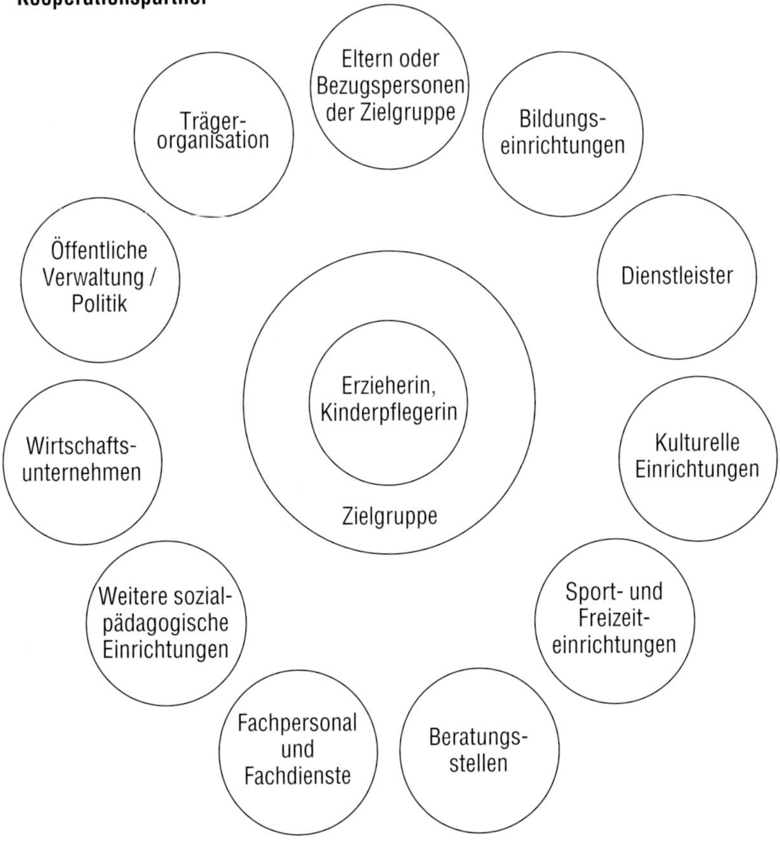

Elternarbeit / Erziehungspartnerschaft

Eine Besonderheit im Rahmen der Kooperation mit anderen Personen und Institutionen nimmt die Zusammenarbeit mit den Eltern oder anderen Bezugspersonen der Zielgruppe ein.

„Der Begriff der Elternarbeit ist out – und dies ist auch gut so! Erziehungspartnerschaft heißt der neue Trend, wenn es um das Zusammenwirken von Eltern und Erzieherinnen im Kindertagesstätten-Alltag geht."

Diese Einleitung zu einem Artikel über Eltern-Erziehungsinterviews von Rita Greine (5/6) macht deutlich, welches das Hauptanliegen der Kooperation zwischen Erzieherinnen in sozialpädagogischen Einrichtungen und den Eltern oder anderen Bezugspersonen der Zielgruppen darstellt. Zum Wohl der Kinder und Jugendlichen ist es notwendig, Erziehung gemeinsam zu gestalten, also eine Erziehungspartnerschaft einzugehen.

Die Erziehungspartnerschaft setzt Interesse, Akzeptanz und gegenseitige Wertschätzung voraus. Wenn Eltern und Erzieherinnen sich austauschen, sich verständigen, über Erziehung kommunizieren und diskutieren, dann kann irgendwann ein abgesprochenes, begründetes und in seinen Grundsätzen übereinstimmendes Erziehungsverhalten praktiziert werden.

Um die Erziehungspartnerschaft optimal zu gestalten, müssen nach Martin Textor (5/7) sowohl die Erzieherinnen als auch die Eltern folgende Haltungen verinnerlichen:

Gesprächsbereitschaft und Geduld

Für Gespräche müssen sich beide Seiten Zeit nehmen. Dem Gesprächspartner sollte der Eindruck vermittelt werden, dass sein Anliegen wichtig ist und ernst genommen wird.

Vertrauen

Beide Seiten müssen die Gewissheit haben, dass Gespräche vertraulich sind und Aussagen nicht anderen zugetragen werden. Nur dann werden sie über sich selbst sprechen und offen diskutieren.

Wertschätzung und Respekt

In einem respektvollen und wertschätzenden Umgang mit dem Gegenüber werden dessen Sichtweisen, Empfindungen und Werte akzeptiert und nicht an den eigenen Vorstellungen und Normen gemessen.

Einfühlsames Verstehen / Empathie
Die Erzieherinnen bzw. die Eltern interessieren sich für die subjektive Welt der anderen Seite und zeigen Verständnis. Sie versuchen, sich in die Person ihrer Erziehungspartner hineinzuversetzen.

Offenheit und Echtheit
Erzieherin und Eltern reagieren als Personen, öffnen sich selbst, bringen ihre Gedanken und Gefühle in klaren Aussagen zum Ausdruck. Verbale Botschaft, Gesichtsausdruck und Körperhaltung stimmen dabei überein (Kongruenz).

Achtung vor der Eigenständigkeit und Selbstverantwortung der jeweils anderen Partner
Die Erzieherinnen und die Eltern akzeptieren, dass ihre Rolle bzw. Funktion im Rahmen der Erziehung eine unterschiedliche ist und versuchen, keine Übergriffe in den jeweils anderen Bereich zu praktizieren.

Kooperationsformen mit Eltern

Um die Vielfalt möglicher Kooperationsformen und die dazugehörigen Zieldimensionen mit den Eltern darzustellen, werden hier die Beispiele aus dem 'Bayerischen Bildungs- und Erziehungsplan für Kinder in Kindertageseinrichtungen' (5/8) aufgeführt:

Begleitung von Übergängen

- Angebote für die Eltern vor der Aufnahme eines Kindes
- Eltern-Kind-Gruppen
- Schnuppertage, Vorbesuche in der Gruppe
- Gemeinsame Gestaltung der Eingewöhnungsphase
- Einführungselternabend
- Einzelgespräche

Information und Austausch

- Anmeldegespräch
- Tür-und-Angel-Gespräche
- Termingespräche
- Elternabende
- Elternbefragung
- Konzeptionsbroschüre
- Homepage
- Elternbriefe, Elternzeitschrift
- Schwarzes Brett, Aushänge, Fotowand
- Buch- und Spielausstellung
- Informationsbroschüren

Stärkung der Erziehungskompetenz	– Familienbildende Angebote – Themenspezifische Gesprächskreise – Elterngruppe, Elterncafe, Elternstammtisch – Einzelgespräche
Gespräche, Fachdienste	– Gespräche auf Wunsch der Eltern – Vermittlung von Hilfen durch psychosoziale Dienste – Beratungsführer für Eltern
Mitarbeit	– Hospitation – Bastel-, Spielnachmittage – Mitwirkung von Eltern bei Gruppenaktivitäten und Spielen – Einbeziehung der Eltern in Planung und Durchführung von Projekten – Begleitung der Gruppe bei Exkursionen – Kochen mit Kindern – Spielplatzgestaltung, Gartenarbeit, Reparaturen – Feste und Feiern
Beteiligung, Mitverantwortung, Mitbestimmung	– Mitverantwortung als Mitglied des Elternbeirats – Beteiligung an Grundsatzfragen der Einrichtung – Mitbestimmung bei der Entwicklung der Konzeption – Besprechung der pädagogischen Arbeit – Gemeinsame Planung von Veranstaltungen und besonderen Aktivitäten – Mitbestimmung bei der Gestaltung von Spielecken – Eltern als Fürsprecher der Einrichtung in der Kommune und auf Landesebene

Umfeldanalyse

Die Einbindung einer sozialpädagogischen Einrichtung in ein Netz von Beziehungen wurde bereits erörtert. Aber auch die Umgebung, das Umfeld an sich hat Ein- und Auswirkungen auf die Arbeit in der Praxisstelle. Bereiche, die dabei generell bedeutsam sind, zeigt die folgende Darstellung, aber welche Bedeutung die einzelnen Bereiche speziell für die eigene Einrichtung haben, kann nur in der jeweiligen Praxisstelle diskutiert und geklärt werden.

Fachbegriffe im Lernfeld 5

Gruppe

Eine Gruppe ist ein soziales Gebilde mehrerer Menschen, die für eine bestimmte Zeit alle miteinander durch direkte Interaktion und Kommunikation in wechselseitiger Verbindung stehen.

Gruppenpädagogik

Als Gruppenpädagogik wird eine pädagogische Arbeitsweise bezeichnet, die gezielt die kleine überschaubare Gruppe als Mittel der Erziehung einsetzt. Die erzieherische Tätigkeit beruht auf einer Beobachtung des Gruppenprozesses und dessen bewusster Beeinflussung.

Gruppendynamik

Der Begriff bezeichnet alle dynamischen Handlungsabläufe zwischen den Gruppenmitgliedern. Gleichzeitig wird er für die wissenschaftliche Erforschung dieses Geschehens verwandt, die sich auch mit der Praxis der Beeinflussung solcher Prozesse befasst.

Gruppenphasen

Nach dem Phasenmodell von Bernstein / Lowy kann die Entwicklung in einer Gruppe in fünf Phasen eingeteilt werden,

- die Anfangs- oder Orientierungsphase,
- die Strukturierungs- oder Positionskampfphase,
- die Vertrautheits- oder Intimitätsphase,
- die Differenzierungsphase und
- die Ablösungs- und Abschlussphase.

Teamfähigkeit

Damit die Zusammenarbeit im Team funktioniert, müssen die einzelnen Teammitglieder bestimmte Fähigkeiten und Einstellungen mitbringen:

- Teamorientierung
- Kommunikationsfähigkeit
- Organisationsfähigkeit
- Flexibilität und Mobilität
- Emotionale Intelligenz
- Fähigkeit zur Selbstreflexion
- Motivation
- Durchsetzungsvermögen und Konfliktfähigkeit
- Kreativität
- Analytisches und logisches Denken

Supervision

Supervision begleitet Einzelne, Teams, Gruppen und Organisationen bei der Reflexion und Verbesserung ihres beruflichen Handelns. Fokus ist je nach Zielvereinbarung die Methodenkompetenz, die Rollenerwartung, die Fall-Supervision oder die Zusammenarbeit im Team bzw. in der Institution.

Kollegiale Beratung

Eine Methode der gegenseitigen Unterstützung in einem Team stellt die kollegiale Beratung dar. Dabei bringt eine Mitarbeiterin ein fachliches / berufliches Problem ein und nach einem System bestimmter Reflexionsschritte wird gemeinsam nach einem Lösungsansatz gesucht.

Erziehungspartnerschaft

Dies ist ein heute zunehmend verwandter Begriff für Elternarbeit, durch den die partnerschaftliche Beziehung zwischen Eltern und Erzieherinnen bei der Erziehung von Kindern und Jugendlichen verdeutlicht werden soll.

Umfeldanalyse

Unter Umfeldanalyse versteht man die Erkundung des Umfeldes einer Einrichtung mit Überlegungen zu allen für die Zielgruppe der Einrichtung relevanten Auswirkungen.

Literatur im Lernfeld 5

5/1 Kelber, Magda
Was verstehen wir unter Gruppenpädagogik?
in: Müller, C. Wolfgang (Hrsg.)
Gruppenpädagogik: Auswahl aus Schriften und Dokumenten
Weinheim, 1970

5/2 Bernstein, Saul / Lowy, Louis
Untersuchungen zur sozialen Gruppenarbeit in Theorie und Praxis
Freiburg, 1978

5/3 Bayerisches Staatsministerium für Unterricht und Kultus
Lehrplan für das Sozialpädagogische Seminar
München, 2006

5/4 Tietze, Kim Oliver
Kollegiale Beratung
Hamburg, 2003

5/5 Stich, Christian (Hrsg.)
Das große Märchenbuch
Zürich, 1987

5/6 Greine, Rita
Der Begriff der Elternarbeit ist out
in: klein & groß, 01 / 2007, Zeitschrift für Frühpädagogik

5/7 Textor, Martin
Kooperation mit den Eltern
München, 2000

5/8 Bayerisches Staatsministerium für Arbeit und Sozialordnung, Familie und Frauen
Staatsinstitut für Frühpädagogik München
Bayerischer Bildungs- und Erziehungsplan für Kinder in Tageseinrichtungen bis zur Einschulung
München, 2005

Die eigene ästhetische Gestaltungsfähigkeit weiterentwickeln und im beruflichen Handeln einsetzen

Zielformulierung

Das Lernfeld bezieht sich auf ästhetische Erfahrungs- und Gestaltungsprozesse in allen Bereichen, insbesondere in Bewegung, Sprache, Musik sowie im handwerklichen, bildnerischen und plastischen Gestalten.
Die Wahrnehmung der Erzieherpraktikantinnen ist durch Experimente, Spiele und Übungen in allen Sinnesbereichen sensibilisiert. Sie kennen erste Techniken und Gestaltungsmöglichkeiten und besitzen das dafür erforderliche Grundwissen. Die Erzieherpraktikantinnen sind bereit, ihre eigenen Ausdrucksmöglichkeiten zu entdecken und zu erproben, und sind offen für die damit verbundene Erlebnisqualität.
Sie haben einen Einblick in die Bedeutung des ästhetischen Ausdrucks als menschliches Grundbedürfnis im Sinne eines ganzheitlichen Menschenbildes und sind dadurch motiviert, ästhetische Gestaltungsprozesse in ihrer Praxisstelle aktiv mit zu vollziehen und auch selbst anzuregen.

Verbindliche Fachinhalte für das Fach PML

- **Spiel als Grundbedürfnis und Möglichkeit des persönlichen Ausdrucks**
- **Sinneserfahrungen**

Fachinhalt

Spiel als Grundbedürfnis und Möglichkeit des persönlichen Ausdrucks

„Spiel ist eine freiwillige Handlung oder Beschäftigung, die innerhalb gewisser festgesetzter Grenzen von Zeit und Raum nach freiwillig angenommenen, aber unbedingt bindenden Regeln verrichtet wird, ihr Ziel in sich selber hat und begleitet wird von einem Gefühl der Spannung und Freude und einem Bewusstsein des 'Andersseins' als das 'gewöhnliche Leben'." Johan Huizinga (6/1)

Spiel ist also eine Tätigkeit, die um der in ihr selbst liegenden Zerstreuung, Erheiterung oder Anregung willen und oft in Gemeinschaft mit anderen vorgenommen wird. Es ist für den Menschen seit jeher von großer Bedeutung, finden sich doch schon mehr als 4.000 Jahre alte Zeugnisse ehemaliger Spielkultur.

Auch die Vielzahl bekannter Spielformen von Würfelspielen und Theaterspielen über Lotterien und Kampfspiele bis hin zu den Olympischen Spielen lässt darauf schließen, dass Spielen Teil einer jeden menschlichen Kultur ist.
So gesehen kann man 'Spielen' sicherlich nicht nur dem kindlichen Entwicklungsstadium zurechnen. Nur weist das Spiel des Kindes eine noch größere Intensität und Quantität auf als das des Erwachsenen.

Die Bedeutung des kindlichen Spiels

- Spiel ist eine aus der Neugierde und dem Bewegungsdrang des Kindes entstehende spontane, freiwillige, intensive, lustvolle und Freude bereitende Beschäftigung und Auseinandersetzung des Kindes mit seiner Umwelt.

- Das Spiel ist die für Kinder typische und natürliche Art, sich mit sich selbst, mit anderen Menschen und mit der Sachwelt auseinander zu setzen und umfassend zu lernen.

- Erfahrungen im Spiel hinterlassen Spuren im Gehirn, die die zukünftige Informationsaufnahme und -verarbeitung schneller und leichter werden lassen.

- Das Spiel bietet die Grundlage für die Befähigung, das menschliche Leben zu bewältigen.

- Viele Erwachsene denken bei den Begriffen Spiel und Spielen zunächst an eine Beschäftigung, die im Gegensatz zur Arbeit, also einem sinnvollen oder zielgerichteten Tun, steht. Dabei ist das Spielen sozusagen die Arbeitsform des Kindes und auf bestimmten Entwicklungsstufen Hauptinhalt seines Lebens.

- Das Spielen hat eine zentrale Rolle im Leben des Kindes und hilft ihm, die Umwelt zu erobern. Im Spiel forscht das Kind, bearbeitet seine Eindrücke und Erfahrungen und kommuniziert. Durch das Spiel entwickelt sich das Kind sozial, emotional, motorisch, sprachlich und intellektuell.

Merkmale des Spielens

In einem Interview mit dem Spielpsychologen Rolf Oerter (6/2) stellt dieser vier Merkmale vor, die alle Spiele – egal ob im Kindes- oder Erwachsenenalter – vereinen:

1. der Selbstzweck

Im Spiel gibt es keinen Zweck außerhalb der Spielhandlung, was einen großen Vorteil aus motivationaler Sicht darstellt; die Tätigkeit wird um ihrer selbst Willen ausgeführt, man geht in ihr auf und ermüdet nicht oder kaum.

2. die Realitätstransformation

Im Spiel wird (erlebte oder vorgestellte) Realität umgedeutet und so handhabbar gemacht. Deutlich zu erkennen ist dieses auch an der emotionalen Beteiligung der Spieler.

3. die Wiederholung

Wiederholung hat sowohl die Funktion des Übens, wodurch das Spiel auch eine ideale Lernform ist, und dient andererseits der Bewältigung. Szenen können so lange wiederholt werden, bis sie einen positiven Ausgang finden.

4. der Gegenstandsbezug

Im Spiel gibt es immer den Bezug auf einen oder mehrere Gegenstände aus der Lebensumwelt; Kinder beziehen sich allein oder gemeinsam auf Themen oder Dinge, die sie derzeit interessieren und herausfordern.

Bedingungen für das kindliche Spiel

Damit ein Kind seiner Haupttätigkeit nachgehen kann, braucht es:

- **Erwachsene**,
  die das Spiel des Kindes ernst nehmen, es beobachten und mit Lob und Anerkennung unterstützen, die sich auf ein Spiel einlassen, wo sie gebraucht werden, und die sich zurückziehen, wo sie überflüssig oder gar störend sind,

- **andere Kinder**,
  an die es Ideen weitergibt und von denen es Ideen übernimmt, mit denen es sich streitet und wieder versöhnt, denen es hilft und von denen es Hilfe bekommt,

- **Ruhe und Ungestörtheit**,
  in denen sich ein Spiel entfalten kann,

- **die Zeitspanne**,
  in der es auch zu Ende gebracht werden kann,

- **eine räumliche Umgebung**,
  in der es sich ohne allzu große Reglementierung frei bewegen und selbst aktiv werden kann,

- **die Möglichkeit**,
  vielerlei Erfahrungen und Entdeckungen zu machen mit Gegenständen, Materialien und Situationen umgehen zu lernen und mit ihnen zu experimentieren.

Wirkungen des kindlichen Spiels

- Spiel ist die Erprobung von Wirklichkeit –
  Darstellung und Wiederholung mit dem Ziel, zu verstehen und zu bewältigen.

- Im Spiel sind alle Gefühle erlaubt –
  Erfahren und Begreifen des eigenen Erlebens und des eigenen Gefühlspotenzials.

- Im Spiel werden neue Verhaltensmuster getestet –
  Verändern und Erproben von Verhalten, um Wirkungen zu erfahren.

- Im Spiel kann das Kind schöpferisch tätig sein – Ermutigende Erfahrungen beim Darstellen und Gestalten veranlassen immer weitere Schritte.

- Im Spiel finden Kinder Lösungen – Lösungen für Probleme, für Situationen und für Begegnungen werden aktiv gesucht, entdeckt und erprobt.

- Im Spiel bereiten sich Kinder auf neue Situationen vor – Das imaginäre Erproben dessen, was auf einen zukommt, bereitet vor und kann Ängste nehmen.

- Das Spiel hat eine reinigende, heilende Wirkung – Verarbeitung von Erlebnissen, Befreiung von daraus resultierenden Verletzungen und Ängsten.

- Spielen verbindet und schafft Kontakte – Beziehungen werden aufgenommen und gefestigt und bereichern das eigene Erleben.

Spiel-Begleitung durch die Erzieherin

- Statt das Spiel zu lenken, lässt die Erzieherin das Kind gewähren und nimmt die eigenen Impulse und Ideen zugunsten des Kindes zurück.
  Das Kind entscheidet, was und wie gespielt wird und gewinnt ein Gefühl für den eigenen Wert!

- Sie akzeptiert und respektiert das Spiel des Kindes und verzichtet auf eine Wertung der Handlungen und Gefühle. Sie achtet das Entwicklungsniveau des Kindes mit all seinen Fertigkeiten und Unvollkommenheiten.
  Das Kind gewinnt an Selbstvertrauen!

- Sie fühlt sich in das Spiel des Kindes ein und versucht zu verstehen, um was es dem Kind beim Spiel geht, sie wird zum Gefährten des Kindes.
  Dem Kind erwächst daraus ein Gefühl der inneren Nähe zum Erwachsenen, ein Gefühl von Geborgenheit und Sicherheit!

Gedanken zum Spielen (6/3)

*„Spielen heißt
experimentieren
mit dem Zufall."
(Fritz Rohrer)*

*„Ein Grund legendes Element
unserer Kultur ist das Spiel.
Der Mensch ist ein Spieler -
und ohne seine Lust und
Fähigkeit zum Spielen
hätten sich ganze Bereiche
seiner Kultur nicht
entwickelt ..... „
(Johan Huizinga)*

*„Durch
spielerisches Experimentieren
kommen vermutlich ebenso
viele Durchblicke zustande
wie durch
planmäßiges Abarbeiten
vorgegebener Programme."
(Werner Winkler)*

*„Denn um es endlich auf einmal
herauszusagen, der Mensch spielt
nur, wo er in voller Bedeutung
des Wortes Mensch ist, und er ist
nur da ganz Mensch, wo er spielt."
(Friedrich Schiller)*

*„Der Reiz des Spieles geht
nicht vom Leiter aus,
sondern vom Spiel selbst."
(Hans Froer)*

*„Spielen ist die Weise,
wie ein Mensch seinen
Möglichkeiten auf
der Spur bleibt."
(Ernst Lange)*

Sinneserfahrungen

Fachinhalt

Das Wort Sinneserfahrungen setzt sich zusammen aus zwei Begriffen, die wesentlich sind für das Begreifen der Welt, der Umwelt. Über die Sinne wird die Welt wahrgenommen, sie werden oft als das Fenster zur Umwelt bezeichnet. Und Erfahrungen stehen für die individuelle Verarbeitung dieser Wahrnehmungen beim einzelnen Menschen. Doch wie verläuft nun der Weg von der Sinneswahrnehmung bis zu einer Sinneserfahrung genau?

Definition von Wahrnehmung

Unter Wahrnehmung versteht man den komplexen Prozess der Informationsaufnahme aus Umwelt- und Körperreizen, die über verschiedene Sinnesorgane aufgenommen und durch das periphere Nervensystem an das Zentralnervensystem weitergeleitet werden. Im Gehirn werden die Informationen dann weiter verarbeitet. Dieser Vorgang erfolgt in mehreren Schritten:

- Aufnahme des Reizes durch das entsprechende Sinnesorgan
- Weiterleitung des Reizes an das Gehirn
- Speicherung des Wahrgenommenen im Gehirn
- Vergleich des neuen Reizes mit bisher Gespeichertem, Auswahl und Bewertung
- Koordination der Einzelreize der verschiedenen sensorischen Bereiche im Gehirn
- Verarbeitung der Reize und Einordnung in die bisherigen Erfahrungen
- Reaktion, Reizbeantwortung

Verdeutlicht man sich, wie schnell in der Realität eine Reaktion auf die Reizaufnahme erfolgt, so wird klar, dass diese einzelnen Schritte im Gehirn 'blitzartig' ablaufen; über die Nervenbahnen werden die Informationen z.B. mit 500 km/h geschickt.

Die unterschiedlichen Sinnessysteme

Nachfolgend sind die unterschiedlichen Sinnessysteme des Menschen nach Renate Zimmer (6/4) dargestellt und zwar jeweils mit den Faktoren Sinnesorgan, Reiz, Erkenntnistätigkeit und gewonnene Information.

	Sinnesorgan Reiz	**Erkenntnis-tätigkeit**	**gewonnene Information**
Visuelles System	Auge Lichtwellen	Sehen	Helligkeit, Farben, Form, Beurteilung und Lage von Objekten und Lebewesen
Auditives System	Ohr Schalldruckwellen	Hören	Tonhöhe, Klänge, Lautstärke, Sprache, Geräusche, Art und Ort der Schallereignisse
Taktiles System	Haut, Hand, Mund Mechanische Reize, Hautberührung	Tasten Berühren	Größe, Form, Konsistenz, Oberflächenbeschaffenheit von Objekten, Temperatur
Kinästhetisches System	Sehnen, Muskeln, Gelenke Muskelkontraktion, Eigenbewegung	Tiefensensibilität Bewegungsempfinden	Stellung der Körperteile zueinander, Muskelspannung, Kraft des eigenen Körpers, Gewicht von Objekten

Sinnesorgan Reiz	Erkenntnis- tätigkeit	gewonnene Information	
Vestibularapparat Lineare Beschleunigung, Winkel-beschleunigung	Gleichgewichts-regulation	Lage und Orientierung im Raum, Beschleunigung des eigenen Körpers, Gleichgewichts-empfinden	**Vestibuläres System**
Nase, Nasenhöhle Gasförmige, chemische Verbindungen	Riechen	Umweltkontrolle, Hygiene, Nahrungskontrolle	**Olfaktorisches System**
Mund, Mundhöhle, Gaumen, Zunge Chemische Reize	Schmecken	Nahrungskontrolle, Steuerung der Nah-rungsaufnahme und -verarbeitung	**Gustatorisches System**

Sinnes-Wahrnehmungen – sinnliche Erfahrungen – ästhetische Erziehung

Sinnliche Wahrnehmung ist mehr als die Addition einzelner Leistungen der Sinnesorgane, der Nervenzellen und der Nervenbahnen. Trotz der neurophysiologisch erklärbaren Einzelheiten muss immer bedacht werden, dass der sinnliche Wahrnehmungsprozess ein ganzheitlicher Vorgang ist, bei dem mehrere Sinneseindrücke zu einer Gesamt-Sinnesempfindung zusammenschmelzen. Diese Verschmelzung mehrerer Eindrücke zu einer Gesamt-Sinnesempfindung bezeichnet man als Synästhesie (Zusammen-Wahrnehmung).

Durch das Sehen, Hören, Fühlen, Tasten, Riechen und Schmecken wird die Umwelt aufgenommen. Die Aufnahme aber ist stets von der Person geprägt. Gute und schlechte Erfahrungen, das emotionale Befinden oder die Aufmerksamkeit bestimmen mit, was und wie etwas wahrgenommen wird. Dieses Wahrgenommene wird wiederum als angenehm oder unangenehm, als gut oder schlecht empfunden und bewertet. Sinnliche Wahrnehmung ist also nicht nur Sinneswahrnehmung, sondern ein Empfinden, ein Bewusstwerden.

Wesentlich ist dabei, dass Wahrnehmung kein passives Geschehen ist, sondern eine aktive Tätigkeit. Erst das bewusste Erleben lässt aus einem Empfinden eine Erfahrung werden. Diese Erfahrungen aber wollen und müssen wir den Kindern im Rahmen einer ästhetischen Erziehung ermöglichen; sie lassen sich nicht lehren, sondern nur ermöglichen.
Der Begriff Ästhetik wird hier im weiteren Sinn verstanden; er wird hergeleitet vom griechischen 'aisthesis', welches mit Wahrnehmung, Gefühl, Empfindung, Erkenntnis, Begreifen und Bewusstsein umschrieben werden kann.

So wird dann
aus dem Sehen ein Schauen,
aus dem Hören ein Horchen,
aus dem Schmecken ein Kosten,
aus dem Riechen ein Schnuppern,
aus dem Tasten ein Spüren und
aus Ungleichgewicht wird Gleichgewicht.

Sinnliche Erfahrungen in sozialpädagogischen Einrichtungen

- Für Kinder stellt die sinnliche Wahrnehmung den Zugang zur Welt dar; sie ist die Wurzel jeder Erfahrung.
- Es ist für Kinder – besonders in den ersten Lebensjahren – von entscheidender Bedeutung, ob sie ein stabiles inneres 'Wurzelwerk' entwickeln können.
- Die Ermöglichung von vielfältigen sinnlichen Erfahrungen ist deshalb unerlässlich für eine gesunde Entwicklung.
- Kinder wachsen aber mehr und mehr in einer Umgebung auf, die ihnen wenig sinnliche Erfahrungen ermöglicht. Zwar werden sie in bestimmten Bereichen von Reizen überflutet, jedoch geschieht dies, ohne dass sie dabei die Zeit und die Gelegenheit haben, die Vielzahl an Reizen zu verarbeiten.
- Aus diesen Gründen müssen heutzutage vermehrt Gelegenheiten geschaffen werden, um Kindern sinnliche – und damit sinnvolle – Erfahrungen zu ermöglichen.

- Nachfolgend sind einige Anregungen zur Ermöglichung von Sinneserfahrungen dargestellt, bei denen die unterschiedlichen Sinne beteiligt sind.

Riechbaum	Bewegungsbaustelle
Geräusche-Quiz	Naturmaterialsammlung
Kaleidoskop	Tast-Memory
Schaukelgerüst	Reimspiele
Tastweg	Ton-Aufnahmen
Entspannungsinsel	Riech-Memory
Oceandrum	Klatschreime
Hör-Memory	Regenmacher
Hüpfkästchen	Klangregal
Balancierseile	Kastanienbad
Farbbrillen	Duftecke
Rückenmalerei	Baumsuche
Guckkasten	Denkmalbau
Blauland	Obstkimspiele

Sinneserfahrungen und Kreativität

Nach Elisabeth Zwick (6/5) ermöglichen sinnliche Erfahrungen

- die Förderung der Empfänglichkeit für Eindrücke,
- die Förderung authentischen Empfindens und Erlebens,
- die Bildung der Gefühle durch das Erleben,
- die Förderung des Ausdrucksvermögens zur Mitteilung von Empfindungen, Wünschen und Ängsten,
- die Erfahrung von Ich-Stärke bei der Herstellung von eigenen kreativen Objekten.

Somit steht ein kreatives Verhalten von Kindern und Jugendlichen im engen Zusammenhang mit deren sinnlichen oder ästhetischen Erfahrungen. Anzeichen für kreatives Verhalten können nach E. Paul Torrance (6/6) sein

- Intensives Vertieftsein beim Zuhören, Beobachten, Tun
- Große Lebhaftigkeit und körperlicher Einsatz
- Herausfordernde Ideen über Autoritäten
- Prüfen vieler Informationsquellen
- Eingehendes Studium von Dingen
- Ausgeprägtes Mitteilungsbedürfnis bei eigenen Entdeckungen
- Weiterführen einer kreativen Tätigkeit über die zugestandene Zeit hinaus
- Aufzeigen von Beziehungen zwischen scheinbar beziehungslosen Ideen
- Weiterverfolgen von angestoßenen Gedankengängen
- Anzeichen von Neugier, Wissensdurst, bohrende Fragen
- Schätzen und Vorhersagen von Ergebnissen und anschließendes Prüfen
- Ehrliches und intensives Suchen nach Wahrheit
- Fähigkeit, Ablenkungen zu widerstehen
- Verlieren des Zeitgefühls
- Durchdringendes Beobachten und Fragen
- Suchen von Alternativen und Erforschen neuer Möglichkeiten

Läßt sich Kreativität fördern?

Ja,
und zwar durch

das Zulassen von Gedankenspielen,
Zeit lassen,
Vermeidung vorschneller Interpretationen,
Anerkennen von Eigenheiten,
Förderung von Fragen und Überlegungen,
Vermeiden von Vergleichen,
das Zulassen von Fehlern,
wenig Vorgefertigtes und wenig Vorgaben,
Wertschätzung von originellen Einfällen,
das Zulassen eines kreativen Chaos.

Fachbegriffe im Lernfeld 6

Kindliches Spiel

Spiel ist eine aus der Neugierde und dem Bewegungsdrang des Kindes entstehende spontane, freiwillige, intensive, lustvolle und Freude bereitende Beschäftigung und Auseinandersetzung des Kindes mit seiner Umwelt.
Das Spiel ist die für Kinder typische und natürliche Art, sich mit sich selbst, mit anderen Menschen und mit der Sachwelt auseinander zu setzen und sich umfassend zu bilden.

Grundbedingungen für kindliches Spiel

- Erwachsene, die das Spiel des Kindes ernst nehmen
- andere Kinder als Spielpartner
- Ruhe, Ungestörtheit und genügend Zeit
- eine geeignete anregende räumliche Umgebung
- Möglichkeiten zu verschiedenen Erfahrungen und Entdeckungen

Sinnessysteme des Menschen

- Visuelles System (sehen)
- Auditives System (hören)
- Olfaktorisches System (riechen)
- Gustatorisches System (schmecken)
- Taktiles System (tasten, berühren)
- Kinästhetisches System (Bewegungsempfinden, Tiefensensibilität)
- Vestibuläres System (Gleichgewichtsregulation)

Ästhetik

Im weitesten Sinne versteht man darunter die sinnliche Wahrnehmung oder auch die sinnliche Erkenntnis; eine engere Definition bezeichnet die Lehre vom sinnfällig Schönen als Ästhetik.

Synästhesie

Die Verschmelzung mehrerer Eindrücke zu einer Gesamt-Sinnesempfindung wird als Synästhesie (Zusammen-Wahrnehmung) bezeichnet.

Kreativität

Unter Kreativität wird die schöpferische Fähigkeit des Menschen verstanden, Produkte oder Denkergebnisse hervorzubringen, die im wesentlichen neu oder zumindest dem, der sie hervorgebracht hat, unbekannt sind.

Literatur im Lernfeld 6

6/1 Huizinga, Johan
Homo ludens. Vom Ursprung der Kultur im Spiel
Reinbek, 1994

6/2 Oerter, Rolf
Warum spielen Menschen
in: klein & groß, 12/06, Zeitschrift für Frühpädagogik

6/3 http://de.wikipedia.org./wiki/Spielpädagogik#Zitate

6/4 Zimmer, Renate
Handbuch der Sinneserfahrung
Freiburg, 1999

6/5 Zwick, Elisabeth
Wenn die Worte fehlen: Prävention und Intervention durch ästhetische Erfahrungen
in: TPS 9 / 2002, Fachzeitschrift Theorie und Praxis der Sozialpädagogik

6/6 Torrance, E. Paul
Why Fly?: A Philosophy of Creativity
London, 1995

Werte und Werthaltungen reflektieren, weiterentwickeln und in das berufliche Handeln integrieren

Zielformulierung

Die Erzieherpraktikantinnen erfassen reflektierend die Wertvorstellungen ihrer Kindheit, ihres gegenwärtigen Lebens, die Werte der Zielgruppe und ihres Umfelds, des Teams, der Einrichtung, des Trägers und werden sich der Bedeutung von Werten für das sozialpädagogische Handeln bewusst.
So erkennen sie, dass bei der Bildung von Wertebewusstsein viele Kräfte aufeinander einwirken. Sie nehmen dadurch den Wertepluralismus der Gegenwart sowie die sich daraus ergebenden Problemstellungen wahr.
Sie erfassen, dass sich ethische Grundhaltungen aus Traditionen, Kultur und Religionen einer Gesellschaft, aber auch aus der eigenen Erfahrungs- und Erlebniswelt des Einzelnen entwickeln und dass pädagogische Konzepte von Werten geprägt sind.
Sie begreifen den Zusammenhang zwischen Werten und Verhalten und beurteilen die erfassten Werte an Hand von Grundzügen ethischen Handelns. Sie erkennen die Gefahr der Verabsolutierung von Werten.
Sie sind bereit, ihr pädagogisches Handeln auf der Grundlage von Wert- und Zielorientierungen zu reflektieren und zu begründen.
Sie finden ansatzweise Modelle für gelingendes Leben, kennen den Unterschied zwischen Toleranz und Gleichgültigkeit und üben Wertetoleranz in einer Zeit der Wertevielfalt. Sie erkennen die Auswirkungen der Wertevielfalt auf das sozialpädagogische Handeln.
Sie geben an ihre Zielgruppe Werte, Ziele und Kriterien für verantwortungsbewusstes Handeln und damit zu einer sinnvollen Lebensgestaltung weiter.

Verbindliche Fachinhalte für das Fach PML

- **Berufsmotivation und Berufserwartungen sowie deren Entwicklung**
- **Die Rolle von Erzieherpraktikantinnen (Möglichkeiten, Schwierigkeiten)**
- **Öffentliche und verborgene Werte in den Praxiseinrichtungen**
- **Konzeptionen unterschiedlicher Praxisstellen**

Fachinhalt

Berufsmotivation und Berufserwartungen sowie deren Entwicklung

Immer wieder wird während der Ausbildung in unterschiedlichen Zusammenhängen die Persönlichkeit der Auszubildenden in den Fokus gerückt. Dieses Betrachten hat eine geschichtliche Dimension; Überlegungen zur Vergangenheit, zum Jetztstand und zur beruflichen Zukunft werden thematisiert. Die eigene Erziehung und der bisherige Lebenslauf ('Erziehungslebenslauf') prägten den jungen Menschen und führten ihn in diese Ausbildung. Bei der Reflexion der Berufsmotivation und der Berufserwartungen können folgende Lebensphasen und Stichpunkte berücksichtigt werden:

Der Weg zur Ausbildung

Vorschulalter

Eigene Krippen- oder Kindergartenerfahrungen
Erzieherinnen / Kinderpflegerinnen im Bekannten- oder Verwandtenkreis
Einrichtungen in der Nachbarschaft
Berufsbezug im Elternhaus

Schulalter

Hort- oder Heimerfahrungen während der Grundschulzeit
Erlebnisse mit Erziehungspersonal
Entscheidungen bezüglich der Schullaufbahn
Erste (emotionale) Berufsüberlegungen
Erfahrungen in Kindergruppen / Kinderfreizeiten
Freizeitbeschäftigungen
Betreuung jüngerer Kinder (Babysitten)

Jugendalter

Schullaufbahn
Erfahrungen als Jugendgruppenmitglied
Jugendgruppenleitung
Berufsentscheidung / Berufsberatung / Praktika
Erlebnisse im privaten oder sozialpädagogischen Bereich
Persönliches Interesse an pädagogischen und psychologischen Themen

Ausbildung im Sozialpädagogischen Seminar

Praxisstellensuche
Erfahrungen in der Praxisstelle
Erwartungen an den Beruf
Anforderungen an den Beruf

Entscheidung gegen den Beruf
Entscheidung für Berufstätigkeit
oder
Erzieherinnenausbildung

Die Rolle von Erzieherpraktikantinnen

Fachinhalt

Das Sozialpädagogische Seminar kann – wie auch aus der vorhergehenden Seite zu ersehen ist – als entscheidende Phase im Hinblick auf Berufsmotivation und Grund legende berufliche Orientierung gesehen werden.

„In dem Zusammenhang lässt sich das Sozialpädagogische Seminar einerseits mit einer Entdeckungsreise vergleichen, bei der die Erzieherpraktikantinnen die sozialpädagogischen Einrichtungen, sich selbst und die berufliche Rolle erkunden und im praktischen Tun erfahren sollen. Andererseits müssen sie Denk- und Handlungsmuster, Kenntnisse und Fertigkeiten erwerben, die der Beruf der Kinderpflegerin erfordert."
Bayerisches Staatsministerium für Unterricht und Kultus (7/1)

Wie die Einbindung der Erzieherpraktikantinnen in den einzelnen Praxisstellen geschieht und welche Rollen dabei eingenommen werden, wurde bereits im Kapitel über die Zusammenarbeit dargestellt. Wie die Erzieherpraktikantinnen aber als Persönlichkeiten im Laufe der Ausbildung von Schülern (Zu-Erziehenden) zu Erziehern werden, die andere bilden und erziehen, verläuft sehr unterschiedlich und lässt sich kaum systematisieren. Eine intensive Begleitung in dieser Umbruchsituation und eine fortwährende Reflexion der ‚Verwandlung' erscheinen allerdings zwingend und zwar sowohl an den Praxisstellen als auch in der Fachakademie.
Teile dieser begleiteten aber individuellen Auseinandersetzung mit der eigenen Persönlichkeit im Hinblick auf den angestrebten Beruf – und damit verbunden auch die Ausbildung eines eigenen Erziehungsstils – sind immer wieder die Beschreibung des (Lebens-)Weges, die Besinnung auf die eigenen Ressourcen und die Akzeptanz des derzeitigen Ausbildungsstandes.

Virginia Satir zeigt das sehr eindringlich in folgendem Text:

Mein Bekenntnis zur Selbstachtung

Ich bin ich selbst.
Es gibt auf der ganzen Welt keinen, der mir vollkommen gleich ist. Es gibt Menschen, die in manchem sind wie ich, aber niemand ist in allem wie ich. Deshalb ist alles, was von mir kommt, original mein; ich habe es gewählt.

Alles, was Teil meines Selbst ist, gehört mir – mein Körper und alles, was er tut, mein Geist und meine Seele mit allen dazugehörigen Gedanken und Ideen, meine Augen und alle Bilder, die sie aufnehmen, meine Gefühle, gleich welcher Art: Ärger, Freude, Frustration, Liebe, Enttäuschung, Erregung; mein Mund und alle Worte, die aus ihm kommen, höflich, liebevoll oder barsch, richtig oder falsch, meine Stimme, laut oder sanft, und alles, was ich tue in Beziehung zu anderen und zu mir selbst.

Mir gehören meine Fantasien, meine Träume, meine Hoffnungen und meine Ängste.
Mir gehören alle meine Siege und Erfolge, all mein Versagen und meine Fehler.
Weil alles, was zu mir gehört, mein Besitz ist, kann ich mit allem zutiefst vertraut werden. Wenn ich das werde, kann ich mich lieb haben und kann mit allem, was zu mir gehört, freundlich umgehen. Und dann kann ich möglich machen, dass alle Teile meiner selbst zu meinem Besten zusammenarbeiten.

Ich weiß, dass es manches an mir gibt, was mich verwirrt, und manches, was mir gar nicht bewusst ist. Aber solange ich liebevoll und freundlich mit mir selbst umgehe, kann ich mutig und voll Hoffnung darangehen, Wege durch die Wirrnis zu finden und Neues an mir selbst zu entdecken…
Wie immer ich in einem Augenblick aussehe und mich anhöre, was ich sage und tue, das bin ich. Es ist authentisch und zeigt,

wo ich in diesem einen Augenblick stehe.
Wenn ich später überdenke, wie ich aussah
und mich anhörte, was ich sagte und tat,
und wie ich gedacht und gefühlt habe,
werde ich vielleicht bei manchem feststellen,
dass es nicht ganz passte. Ich kann dann das
aufgeben, was nicht passend ist, und behalten
was sich als passend erwies, und ich erfinde
etwas Neues für das, was ich aufgegeben habe.

Ich kann sehen, hören, fühlen, denken,
reden und handeln. Ich habe damit das
Werkzeug, das mir hilft zu überlegen,
anderen Menschen nahe zu sein, produktiv
zu sein und die Welt mit ihren Menschen
und Dingen um mich herum zu begreifen
und zu ordnen.

Ich gehöre mir,
und deshalb kann ich mich lenken und
bestimmen..

Ich bin Ich und ich bin o.k.

Virginia Satir (7/2)

Fachinhalt

Öffentliche und verborgene Werte in den Praxiseinrichtungen

Die Wertschätzung der eigenen Person – wie sie eben dargestellt wurde – steht im engen Zusammenhang mit der Wertschätzung, die anderen Menschen und im pädagogischen Bereich primär den Kindern entgegen gebracht wird.

Die Rechte der Kinder

Eine allen Nationen gemeinsame Grundlage für die Wertschätzung der nachfolgenden Generation, also der Kinder und Jugendlichen, bildet das so genannte 'Übereinkommen über die Rechte des Kindes' (7/3). Dieses wurde am 20. November 1989 von der Generalversammlung der Vereinten Nationen in New York verabschiedet. Diese Rechte sollen auf der ganzen Erde verwirklicht werden, gelten weltweit und sollten jedem bewusst sein, dem Kinder anvertraut sind.

Das Recht
auf Gleichheit, unabhängig von Rasse, Hautfarbe, Geschlecht, Sprache, Religion, politischer oder sonstiger Anschauung, nationaler, ethnischer oder sozialer Herkunft, dem Vermögen, einer Behinderung

das Recht
auf Schutz und Fürsorge

das Recht
auf Namen, Staatsangehörigkeit und die Betreuung durch die Eltern

das Recht
sich eine eigene Meinung zu bilden, diese frei zu äußern

das Recht
auf Gedanken-, Gewissens- und Religionsfreiheit

das Recht
bei Berufstätigkeit der Eltern Kinderbetreuungsdienste und -einrichtungen zu nutzen

das Recht
auf Nutzung der Massenmedien bei gleichzeitigem Schutz vor Informationen und Materialien, die sein Wohlergehen beeinträchtigen können

das Recht
auf Schutz vor jeder Form der körperlichen oder geistigen Gewaltanwendung, vor Schadenszufügung oder Mißhandlung, vor Verwahrlosung oder Vernachlässigung, vor schlechter Behandlung oder Ausbeutung, einschließlich sexuellen Mißbrauchs

das Recht
des geistig oder körperlich behinderten Kindes auf ein erfülltes und menschenwürdiges Leben, welches seine Würde wahren, seine Selbstständigkeit und eine aktive Teilnahme am Leben der Gemeinschaft fördern soll

das Recht
auf das erreichbare Höchstmaß an Gesundheit und die Inanspruchnahme von Einrichtungen zur Behandlung von Krankheiten und zur Wiederherstellung der Gesundheit

das Recht
auf Leistungen aus der sozialen Sicherheit einschließlich der Sozialversicherung

das Recht
auf einen seiner körperlichen, geistigen, seelischen, sittlichen und sozialen Entwicklung angemessenen Lebensstandard

das Recht
auf Bildung, auf der Grundlage der Chancengleichheit

das Recht
auf ein verantwortungsbewusstes Leben in freier Gesellschaft im Geist der Verständigung, des Friedens und der Toleranz

das Recht
auf Ruhe und Freizeit, auf Spiel und altersgemäße aktive Erholung sowie der freien Teilnahme am kulturellen und künstlerischen Leben

Wertschätzung von Kindern

Eine wertschätzende Haltung Kindern gegenüber ist in jedem pädagogischen Beruf eine wesentliche Grundeinstellung. Diese wertschätzende Haltung beinhaltet Respekt vor dem Anderen sowie eine Akzeptanz seiner Persönlichkeit und verbietet jede Art von Ausgrenzung, Diskriminierung und Gewalt. In einem Lied von Betttina Wegner wird deutlich, warum diese Haltung für die Erziehung so wichtig ist:

Kinder

Sind so kleine Hände,
winz'ge Finger dran,
Darf man nie drauf schlagen,
die zerbrechen dann.
Sind so kleine Füße
mit so kleinen Zehn.
Darf man nie drauf treten,
könn' sie sonst nicht gehn.
Sind so kleine Ohren
scharf und ihr erlaubt:
Darf man nie zerbrüllen,
werden davon taub.
Sind so schöne Münder,
sprechen alles aus.
Darf man nie verbieten,
kommt sonst nichts mehr raus.
Sind so klare Augen
die noch alles sehn.
Darf man nie verbinden,
könn' sie nicht verstehn.
Sind so kleine Seelen
offen und ganz frei.
Darf man niemals quälen,
gehn kaputt dabei.
Ist so'n kleines Rückgrat,
sieht man fast noch nicht.
Darf man niemals beugen
weil es sonst zerbricht.
Grade, klare Menschen
wär'n ein schönes Ziel.
Leute ohne Rückgrat
hab'n wir schon zuviel.

Betttina Wegner (7/4)

Werte von A – Z

In der Auseinandersetzung mit den eigenen Werthaltungen wird bewusst, dass sich diese aus Traditionen, aus der umgebenden Kultur, aus der Religion sowie aus der persönlichen Erfahrungs- und Erlebniswelt aufbauen. Daraus lässt sich ableiten, dass jeder Mensch ein ihm eigenes Wertesystem entwickelt. Und das bedeutet dann auch, dass dort, wo viele Menschen zusammenkommen, unterschiedlichste Wertevorstellungen aufeinander treffen. Die Vielfältigkeit und Unterschiedlichkeit der Wertvorstellungen in unserer Gesellschaft mag die folgende Liste, die keinen Anspruch auf Vollständigkeit erhebt, darstellen.

A	Autorität, Authentizität, Anstand, Anpassungsfähigkeit, Artigkeit, Arbeit
B	Bescheidenheit, Bildung, Besonnenheit
C	Courage
D	Demut, Dankbarkeit, Demokratie, Durchsetzungsvermögen
E	Engagement, Einordnungswille, Ehrlichkeit
F	Fleiß, Friedfertigkeit, Freiheit, Flexibilität, Freundschaft
G	Gemeinsinn, Gehorsam, Genuss, Gerechtigkeit, Glaube, Gewaltlosigkeit, Gleichberechtigung, Gesundheit
H	Höflichkeit, Heimatverbundenheit, Hoffnung, Hygiene
I	Ich-Stärke, Idealismus, Individualität
J	Jugendlichkeit
K	Kulturverbundenheit, Klimaschutz, Kreativität, Konfliktfähigkeit
L	Lebensfreude, Liebe
M	Menschenliebe, Mobilität, Menschlichkeit, Mitsprache, Macht
N	Nächstenliebe, Naturverbundenheit, Nationalgefühl
O	Opferbereitschaft, Ordnung, Offenheit
P	Pflichtbewusstsein, Pünktlichkeit, Profit
Qu	Qualitätsbewusstsein
R	Respekt, Reichtum, Religiosität, Rücksicht
S	Sittsamkeit, Selbstbewusstsein, Selbstverwirklichung, Selbstkontrolle, Sparsamkeit, Schönheit, Solidarität, Spontaneität, Sauberkeit
T	Traditionsbewusstsein, Treue, Tierliebe, Toleranz, Tapferkeit
U	Umweltbewusstsein
V	Verzicht, Verantwortlichkeit, Verstand
W	Wahrhaftigkeit, Wohlstand
Z	Zufriedenheit, Zurückhaltung

Da viele dieser Werte in sozialpädagogischen Einrichtungen wirken (durch die Wertesysteme der Einzelnen) aber nicht unbedingt offen gelegt sind, gilt es immer wieder, das Verhalten Einzelner auf die ihm zu Grunde liegenden Werte zu hinterfragen, sich darüber auszutauschen und Wertkonflikte möglichst zu klären.

Die Vermittlung von Werten

Jede Mitarbeiterin in sozialpädagogischen Einrichtungen – somit auch die Erzieherpraktikantin – hat den Auftrag, die Kinder und Jugendlichen bei ihrem Hineinwachsen in das Wertesystem der Gesellschaft zu begleiten und zu unterstützen. Da dieses Wertesystem aber keine fest gefügte und unveränderbare Struktur mehr aufweist sondern – wie oben aufgezeigt – von Vielfältigkeit und Veränderlichkeit bestimmt wird, ergeben sich für Erzieherpraktikantinnen zwei wesentliche Aufgaben.
Zum einen müssen sie sich mit ihren eigenen Werthaltungen auseinandersetzen und zum anderen müssen sie wissen, wie sie junge Menschen beim Aufbau von Wertvorstellungen unterstützen können.
In einem Flyer des Projektes 'Kinder philosophieren – ein Modell zur Sinnorientierung und Wertebildung' (7/5) werden drei Stufen beschrieben, über die junge Menschen zum Aufbau einer eigenen Werthaltung gelangen:

Staunen

Staunend entdeckt das Kind die Welt und hinterfragt, was Erwachsene längst hingenommen haben. Das Staunen über alltägliche Phänomene und die natürliche Neugierde des Kindes sind das Tor zur Philosophie.

Fragen

Die Suche nach Sinnzusammenhängen äußert sich im unermüdlichen Fragen, das keine endgültigen Antworten benötigt. Hier beginnt der philosophische Dialog zwischen den Generationen.

Denken

Sprechen

Denkend setzt sich das Kind mit seiner eigenen Lebenswelt auseinander. Das Denken führt es durch das Labyrinth seines Umfeldes. Der Umgang mit Begriffen und Kategorien schult dabei die Fähigkeit, zu sprechen, zu analysieren und logisch zu argumentieren. Doch erst in der Begegnung mit dem Anderen und im gemeinsamen Gespräch bildet sich die eigene Persönlichkeit.

Werten

Wertend versucht das Kind seine soziale Umwelt zu verstehen. In der Auseinandersetzung mit anderen erfährt das Kind Orientierung und entwickelt Maßstäbe für sein Werten sowie ein Gefühl für Werte, die von keinem Diskurs mehr in Frage gestellt werden können. Das moralische Urteilsvermögen aber ist Voraussetzung für verantwortliches Handeln in einer demokratischen Gesellschaft.

Handeln

Kinder sind fortwährend auf der Suche nach einer Orientierung im Leben; sie wollen wissen, wer sie sind und stellen existentielle Fragen. Um die Freiheit in ihrem Denken zu erhalten, gilt es, ihren Wissensdrang ernst zu nehmen und sie auf der Suche nach Antworten zu begleiten. Aufgabe der pädagogischen Fachkräfte ist es, die Kinder beim Nachdenken und Argumentieren zu unterstützen. Erziehende sollten eine ebenso kritische wie wertschätzende Auseinandersetzung mit sich selbst, dem Anderen und der Welt fördern und fordern. Dies erfordert philosophische Sensibilität, pädagogisches Feingefühl und die Bereitschaft, sich auf ein verändertes Rollenverständnis einzulassen.

Fachinhalt

Konzeptionen unterschiedlicher Praxisstellen

Die von den Verantwortlichen in sozialpädagogischen Einrichtungen (Erziehungspersonal) vereinbarten Werte und die daraus resultierenden Ziele für die Erziehung finden in der Regel – neben vielen anderen Informationen – ihren Niederschlag in der Konzeption einer Einrichtung.

Unterscheidung: Konzept – Konzeption

Schaut man sich im Lexikon diese Begriffe an, findet sich folgende Erklärung:

Konzept (lat.)	erste Fasssung, Entwurf (einer Rede)
Konzeption (lat.)	schöpferischer Einfall, Plan (eines Werkes), Entwurf

Demnach ist ein Konzept etwas Vorläufiges, ein Entwurf, ein Skript, in dem die Grundzüge und Gedanken für eine Konzeption grob festgehalten sind.
Die Konzeption hingegen ist eine schriftliche Darstellung aller inhaltlichen Punkte, die in einer sozialpädagogischen Einrichtung für die Mitarbeiterinnen, die Kinder, die Eltern und den Träger relevant sind.

Die folgenden Einzelaspekte verdeutlichen den Unterschied zwischen Konzept und Konzeption:

Konzept

Ein Konzept
- wird oder wurde von Einzelnen für Mitarbeiterinnen (-gruppen) erstellt.
- ist eine Absichtserklärung für eine vorgesehene Arbeit, Tätigkeit.
- ist eine Empfehlung für die Beschäftigten und bekundet lediglich den Anspruch, genannte Ziele zu verwirklichen.
- nennt Standardbeispiele, die übertragen werden können.
- wird zwar unter Umständen aktuell erstellt, lässt aber spezifische Bedingungen vor Ort außer Betracht.
- ist in seiner Formulierung undifferenziert bezüglich eines Anspruches auf Transparenz und schafft grundsätzlich Aussagen mit offenen Modellen.
- kann (wegen Fremderarbeitung oder Einzelerstellung) nicht entscheidend zur Teamfindung beitragen.

- ist als Empfehlung ohne rechtliche Bedeutung zu verstehen.
- Die Aussagen in einem Konzept sind Entwürfe und können durch ihre abstrakten Begriffe auch dann gültig sein, wenn Realitäten sich verändern.

Konzeption

Eine Konzeption
- ist ein Spiegelbild der realen Arbeit und entspricht der Aktualität.
- ist verbindlich für alle und fordert direkt zur Einhaltung der Aussagen auf.
- enthält Beispiele aus der eigenen Praxis.
- beinhaltet eindeutige Aussagen und enthält einen hohen Wert an Transparenz.
- ist Teil der gültigen Dienstverträge.
- Die Erarbeitung der inhaltlichen Bereiche einer Konzeption ist als Prozess aller (pädagogischen) Mitarbeiterinnen zu sehen und trägt zur Teamfindung bei.
- Es geht dabei um eine reflektierte, fundierte Darstellung der pädagogischen Arbeit in einer Einrichtung, verknüpft mit dem theoretischen Wissen derjenigen, die diese Konzeption verfasst haben.
- Die Aussagen in einer Konzeption haben so lange Gültigkeit, wie diese der Praxis entsprechen.

Inhalte der Konzeption

In den Arbeitsfeldern für Kinderpflegerinnen und Erzieherinnen, also in sozialpädagogischen Einrichtungen, ist es heute Standard, dass eine Konzeption – zumeist in schriftlicher Form – vorliegt.
Inhalt dieser Konzeptionen ist die Darstellung der Einrichtung und der inhaltlichen Arbeit in der Institution. Je nachdem für welchen Adressatenkreis (Zielgruppe selbst, Eltern, Öffentlichkeit, Mitarbeiter oder alle Interessierten) die Konzeption von den pädagogischen Mitarbeitern erstellt wurde, sind die einzelnen Themen ausführlich oder eher knapp beschrieben.

Folgende Bereiche sollten aber in jeder Konzeption zu finden sein:

Darstellung der Einrichtung
- Name, Adresse und Art der Einrichtung
- Ort, Stadtteil, Umfeld, Verkehrsanbindung
- Träger und Organisationsform

Erziehungs-, Bildungs- und Betreuungsauftrag
- Funktion der Einrichtung
- Gesetzliche Grundlagen
- Richtziele der pädagogischen Arbeit

Menschenbild und Bild vom Kind
- Ethische Grundlagen und Werthaltungen
- Rechte der jungen Menschen und Regeln des Zusammenlebens
- Die Rolle der Erzieherin

Pädagogischer Ansatz / Pädagogische Ausrichtung
- Zielvorstellungen und pädagogische Inhalte
- Arbeitsweisen, Methoden
- Planung und Realisierung

Konkrete pädagogische Arbeit
- Tagesstruktur
- Einzel- und Gruppenarbeit
- Offene und angeleitete Aktivitäten

Zeit- und Raumstrukturen
- Öffnungs- und Schließungszeiten
- Buchungsmöglichkeiten
- Raumkapazitäten und Raumnutzung
- Ausstattung und Materialangebot

Personal und Arbeitsbereiche
- Team und Teamarbeit
- Leitung und Leitungsaufgaben
- Aus- und Fortbildung

Kooperation und Vernetzung
- Erziehungspartnerschaften
- Öffentlichkeits- und Gemeinwesenarbeit
- Kontakte zu weiteren Institutionen

Fachbegriffe im Lernfeld 7

Wert

Ein Wert ist eine Vorstellung darüber, was für eine Gesellschaft oder für einen einzelnen Menschen von Bedeutung ist, das heißt. damit wird ein Zustand gekennzeichnet, der für einen Einzelnen, eine Gruppe oder die Gesamtgesellschaft wünschenswert erscheint.

Rechte der Kinder

'Die Rechte des Kindes' ist die Bezeichnung für eine Erklärung der Vereinten Nationen aus dem Jahre 1989, in der niedergelegt ist, welche Rechte für alle Kinder dieser Erde gelten sollen.

Konzept

Ein Konzept ist im sozialpädagogischen Bereich eine Grundlage für die erzieherische Arbeit.

Konzeption

Die Konzeption einer Einrichtung ist eine schriftliche Darstellung aller inhaltlichen Punkte, die für die jungen Menschen, deren Eltern, die Mitarbeiterinnen und den Träger relevant sind. Sie wird von den pädagogischen Mitarbeiterinnen entwickelt und ist Teil der gültigen Dienstverträge.

Literatur im Lernfeld 7

7/1 Bayerisches Staatsministerium für Unterricht und Kultus
Lehrplan für das Sozialpädagogische Seminar
München, 2006

7/2 Satir, Virginia
Selbstwert und Kommunikation. Familientherapie für Berater und zur Selbsthilfe
München, 1975

7/3 Generalversammlung der Vereinten Nationen, New York 20.11.1989
Die Rechte des Kindes
Ravensburg, 1994

7/4 Wegner, Bettina
Kinder
in: Schöntges, Jürgen
Freche Lieder, liebe Lieder
Weinheim / Basel, 2000

7/5 www.kinder-philosophieren.de/upload/flyer_kinder_philosophieren.pdf02.07.2007

Zum Ausklang

Vieles ist auf den vorhergehenden Seiten gesagt worden, wichtige Erkenntnisse wurden niedergeschrieben, Wegweiser für das Berufsleben wurden gezeichnet, Merksätze wurden formuliert... und doch,
doch ist das nicht alles, was den pädagogischen Beruf ausmacht.
Helmut Zöpfl sagt uns in einem seiner bayerischen Gedichte, was wir nicht vergessen dürfen:

Pädagogik

Pädagogisch, soziologisch,
psychologisch, axiologisch,
effizient, gesellschaftskritisch,
Feedback, psychoanalytisch,
soziometrisch und statistisch,
kategorial, linguistisch,
Microteaching, affektiv,
Input, Output, kognitiv,
Validierung, Friktionen,
Status, Innovationen,
endogen und exogen,
quaestiv, Basisphänomen
usw. no fünf Stund...
D' Pädagogen san scho Hund!
Da wird alles programmiert,
und de Schui, de lauft wia gschmiert,
technologisch recht beachtlich
alles superwissenschaftlich,
pädagogisch wunderbar,
wenn net bloß des oane waar:
Bei all dem ham ma unterdessen
leider d' Kinder ganz vergessen.

Helmut Zöpfl

Aktives Zuhören	Lernfeld 4
Anamnese	Lernfeld 1
Arbeitsfelder	Lernfeld 2
Ästhetik	Lernfeld 6
Basiskompetenzen	Lernfeld 3
BayKiBiG	Lernfeld 2
Beobachtung	Lernfeld 1
Beobachtungsbereiche	Lernfeld 1
Beobachtungsfallen	Lernfeld 1
Beobachtungsformen	Lernfeld 1
Beobachtungshaltung	Lernfeld 1
Beobachtungsphasen	Lernfeld 1
Bildung	Lernfeld 3
Bildungsauftrag	Lernfeld 3
Bildungsdokumentation	Lernfeld 3
Bildungsprozesse	Lernfeld 3
Demografische Daten	Lernfeld 1
Dokumentation	Lernfeld 1
Dokumentationsinstrumente	Lernfeld 1
Einrichtungsbeschreibung	Lernfeld 1
Empathie	Lernfeld 4
Entdeckendes Beobachten	Lernfeld 1
Erfahrungsräume	Lernfeld 3
Erziehungspartnerschaft	Lernfeld 5
Feedback	Lernfeld 4
Förderschwerpunkte	Lernfeld 2
Grundbedingungen für kindliches Spiel	Lernfeld 6
Grundhaltungen einer positiven Kommunikation	Lernfeld 4
Gruppe	Lernfeld 5
Gruppendynamik	Lernfeld 5
Gruppenpädagogik	Lernfeld 5
Gruppenphasen	Lernfeld 5
Ich-Botschaft	Lernfeld 4
Kindliches Spiel	Lernfeld 6
Kollegiale Beratung	Lernfeld 5
Kommunikation	Lernfeld 4
Kommunikationsmodelle	Lernfeld 4
Konflikt	Lernfeld 4
Konfliktlösung	Lernfeld 4

Kongruenz	Lernfeld 4
Konzept	Lernfeld 7
Konzeption	Lernfeld 7
Körpersprache	Lernfeld 4
Kreativität	Lernfeld 6
Leitfragen der Beobachtung	Lernfeld 1
Metakommunikation	Lernfeld 4
Methoden	Lernfeld 2
Nonverbale Kommunikation	Lernfeld 4
Pädagogische Aktivität	Lernfeld 2
Prinzipien für Bildungsangebote	Lernfeld 3
Rechte der Kinder	Lernfeld 7
Reflexion	Lernfeld 2
Schriftliche Ausarbeitung	Lernfeld 2
Sinnessysteme des Menschen	Lernfeld 6
Situationsanalyse	Lernfeld 2
Sozialpädagogische Prinzipien	Lernfeld 2
Strukturmodell	Lernfeld 2
Supervision	Lernfeld 5
Synästhesie	Lernfeld 6
Teamfähigkeit	Lernfeld 5
Themen / Inhalte	Lernfeld 2
Umfeldanalyse	Lernfeld 5
Verbale Kommunikation	Lernfeld 4
Wert	Lernfeld 7
Ziele	Lernfeld 2

Bayerisches Staatsministerium für Arbeit
und Sozialordnung, Familie und Frauen
Ausführungsverordnung zum Bayerischen
Kinder- Bildungs- und Betreuungsgesetz
München, 2005

Bayerisches Staatsministerium für Unterricht und Kultus
Lehrplan für das Sozialpädagogische Seminar
München, 2006

Bayerisches Staatsministerium für Arbeit und
Sozialordnung, Familie und Frauen
Staatsinstitut für Frühpädagogik München
Bayerischer Bildungs- und Erziehungsplan für Kinder
in Tageseinrichtungen bis zur Einschulung,
München, 2005

Bebermeyer, Ruth
in: Rosenberg, Marschall B.
Gewaltfreie Kommunikation
Paderborn, 2004

Bernstein, Saul / Lowy, Louis
Untersuchungen zur sozialen Gruppenarbeit in Theorie und Praxis
Freiburg, 1978

Bröder, Monika
Gesprächsführung im Kindergarten
Freiburg, 1993

Cohn, Ruth C.
Von der Psychoanalyse zur themenzentrierten Interaktion
Stuttgart, 1975

Delfos, Martine F.
Sag mir mal... Gesprächsführung mit Kindern
Weinheim / Basel, 2004

Dippelhofer-Stiem, Barbara
Berufliche Sozialisation von Erzieherinnen
in: Fried, Lilian und Roux, Susanne
Pädagogik der frühen Kindheit
Weinheim / Basel, 2006

Dittrich, Gisela / Dörfler, Mechthild / Schneider, Kornelia
Wenn Kinder in Konflikt geraten. Eine Beobachtungsstudie
in Kindertagesstätten.
Neuwied, 2001

Ekker, Ernst A. / Hofer Gerhard
Wunschräume
in: Hofer, Gerhard
Erlebnis Mitwelt
Wien / Stuttgart, 1990

Elschenbroich, Donata
Weltwissen der Siebenjährigen
München, 2002

Ende, Michael
Momo
Stuttgart, 1973

Generalversammlung der Vereinten Nationen, New York 20.11.1989
Die Rechte des Kindes
Ravensburg, 1994

Gordon, Thomas
Familienkonferenz
München, 1989

Greine, Rita
Der Begriff der Elternarbeit ist out
in: klein & groß, 01 / 2007, Zeitschrift für Frühpädagogik

Grüneberg L. / Hauser, P.
Erziehen als Beruf
Köln, 1993

Hansen, Hartmut
Persönlichkeit,
in: Raimund Pousset (Hrsg.),
Handwörterbuch für Erzieherinnen und Erzieher
Berlin / Düsseldorf / Mannheim, 2006

Hobmaier, Hermann u.a.
Psychologie
Köln, 1997

http://de.wikipedia.org./wiki/Spielpädagogik#Zitate

Huizinga, Johan
Homo ludens. Vom Ursprung der Kultur im Spiel
Reinbek, 1994

Kelber, Magda
Was verstehen wir unter Gruppenpädagogik?
in: Müller, C. Wolfgang (Hrsg.)
Gruppenpädagogik: Auswahl aus Schriften und Dokumenten
Weinheim, 1970

Lange, Udo / Stadelmann, Thomas
Das Paradies ist nicht möbliert
Neuwied / Berlin, 1999

Leu, Hans Rudolf u.a.
Bildungs- und Lerngeschichten
Weimar / Berlin, 2007

Lill, Gerlinde
Von Abenteuer bis Zukunftsvision
Neuwied / Berlin, 1998

Malaguzzi, Loris
Die 100 Sprachen
in: Sommer, Birgit
Kinder mit erhobenem Kopf – Kindergärten und Krippen in Reggio Emilia, Italien
Neuwied / Berlin, 1999

Molcho, Samy
Körpersprache der Kinder
München, 1996

Müller, C. Wolfgang
Sozialpädagogik
in: Pousset, Raimund (Hrsg.)
Handwörterbuch für Erzieherinnen und Erzieher
Berlin / Düsseldorf / Mannheim, 2007

Oerter, Rolf
Warum spielen Menschen
in: klein & groß, 12 / 06, Zeitschrift für Frühpädagogik

Pesch, Ludger / Sommerfeld, Verena
Zank und Streit
in: klein & groß, 10 / 2000, Zeitschrift für Frühpädagogik

Piaget, Jean
Das Erwachen der Intelligenz beim Kinde
Stuttgart, 2003

Read, Katherine H.
Handbuch des Kindergartens
Ravensburg, 1975

Roger, Carl
Die klientzentrierte Psychotherapie
Frankfurt a. M., 1987

Rosenberg, Marschall B.
Gewaltfreie Kommunikation
Paderborn, 2004

Satir, Virginia
Selbstwert und Kommunikation. Familientherapie für Berater und zur Selbsthilfe
München, 1975

Schäfer, Claudia
Spaß am Lernen mit Maria Montessori -
Eine lernanregende Umgebung in Kindertagesstätten gestalten
in: Kindergarten heute,11 - 12 / 2004, Fachzeitschrift für Erziehung, Bildung und Betreuung von Kindern

Schäfer, Gerd E.
Beobachten und Dokumentieren in KiTas
in: Kindergarten heute, 8 / 2004, Fachzeitschrift für Erziehung, Bildung und Betreuung von Kindern

Schulz von Thun, Friedemann
Miteinander reden. Teil 1
Reinbek, 1989

Stich, Christian (Hrsg.)
Das große Märchenbuch
Zürich, 1987

Strätz, Rainer
Beobachten. Anregungen für Erzieherinnen im Kindergarten
Stuttgart, 1994

Textor, Martin
Kooperation mit den Eltern
München, 2000

Thiesen, Peter
Die gezielte Beschäftigung im Kindergarten
Freiburg, 2004

Tietze, Kim Oliver
Kollegiale Beratung
Hamburg, 2003

Torrance, E. Paul
Why Fly?: A Philosophy of Creativity
London, 1995

Vogelsberger, Manfred
Sozialpädagogische Arbeitsfelder im Überblick
Weinheim / Basel, 2002

Watzlawick, Paul
Menschliche Kommunikation. Formen, Störungen, Paradoxien
Bern, 2000

Wegner, Bettina
Kinder
in: Schöntges, Jürgen
Freche Lieder, liebe Lieder
Weinheim / Basel, 2000

www.kinder-philosophieren.de/upload/
flyer_kinder_philosophieren.pdf 02.07.07

Zimmer, Renate
Handbuch der Sinneserfahrung
Freiburg, 1999

Zöpfl, Helmut
Geh weiter, Zeit, bleib steh!
Rosenheim, 1977

Zwick, Elisabeth
Wenn die Worte fehlen: Prävention und Intervention durch ästhetische Erfahrungen
in: TPS 9 / 2002, Fachzeitschrift Theorie und Praxis der Sozialpädagogik

ISBN	978-3-928026-29-1
Auflage	1. / 2007

Grafiken	Ingo Nause
Druck, Bindung	sterndruck, A-6263 Fügen Printed in Austria

LOCHNER-VERLAG

Lechnerstr. 42
82067 Ebenhausen
T 08178/997075
F 089/661223
mail: lochners@t-online.de

Christina Deibler, geboren 1949 in Gesmold in Niedersachsen, leitete als Erzieherin mehrere Jahre einen Kindergarten und studierte anschließend Sozialpädagogik mit dem Schwerpunkt Erwachsenenbildung.
Seit 1975 lebt sie in München und war dort zunächst an der Fachakademie für Sozialpädagogik und dann am Staatsinstitut für Frühpädagogik tätig.
Nach einer beruflichen Pause, in der sie sich primär ihrer Familie widmete, kehrte sie an die Fachakademie der Landeshauptstadt zurück. Hier bilden die Begleitung der Studierenden und Praktikantinnen / Praktikanten im Ausbildungsprozess und die enge Verbindung zu den Praxisstellen den Schwerpunkt ihrer sozialpädagogischen Arbeit.
Das bildungs- und berufspolitische Interesse, die Fachbetreuung im Sozialpädagogischen Seminar und die Mitarbeit in verschiedenen Lehrplankommissionen führten letztlich zu dieser Veröffentlichung.